走入日本與台灣交錯的時空之旅

# 山口（やまぐち）

# 西京都的古城之美

栖来ひかり Sumiki Hikari
栖來光——著・繪
高彩雯——譯

# 自序

哈囉臺灣，哈囉山口。

每次回山口縣隔壁的福岡縣門司的祖父家，總是有香蕉。有時候是新鮮的香蕉，有時候冰在冷凍庫，但總有香蕉。

某天，在祖父家附近的百貨公司活動時中了獎，商品是「walkman」。後面寫了小小的「Made in Taiwan」。看到那行字時，祖父跟我說了，從前戰爭時，他經由臺灣坐船到菲律賓前，在臺灣堆滿的香蕉太美味了，從此愛上香蕉。門司港內駛進了無數的外國船，不太了解戰爭為何物的我，只是想著港口邊漂亮旗子隨風飄搖的外國船不知道是從哪裡來的，祖父原來去過「菲律賓」「臺灣」那種外國啊，我一邊淡淡地羨慕著，一邊聽著祖父的回憶。那是我記憶中，第一次意識到「臺灣」的日子。

ケンサキイカ

過了很久，我嫁來台灣。那時候父親和伯母對我說：「爺爺到去世之前，一直說著很想去臺灣喔。」

祖父的去世，比我的結婚早的多。

「因為他好友搭的船在戰爭時沉在臺灣和菲律賓中間的海域，所以很想去拜一下。」

最近我才知道，菲律賓和臺灣中間的巴士海峽，因為戰爭時期沉了很多船，被稱為「魔鬼海峽」、「運輸船墓地」，還有寺廟專門祭祀在巴士海峽不幸遇難的人，而且，臺灣的人們一直守護著它。我終於明白，祖父想前去憑弔的，就是那間寺廟。祖父去世已經過了二十年。如果他也能一起來臺灣就好了。我更早知道這些就能問他更多事了——本書雖然介紹的是山口，卻從福岡縣的門司開始，其實是因為這樣的理由。

二〇一七年初，我出版了《在臺灣尋找Y字路》（玉山社）。臺灣的Y字路（三叉路），從清代、日本時代一直到國府遷臺的變遷中是怎麼出現的呢？以此追索為由，我在各處散步思索的成果歸結為那本書。過程中發現了山口和臺灣之間極為驚人的牽繫。調查臺灣的事物時，同時認識了原本一無所知的日本，以及在臺灣居住的山口人們的事。同時，因為對臺灣、對山口兩邊的愛越來越深，深感無論是哪一邊，大多數的人都對這些牽繫一無所知，實在非常可惜。這就是我著手撰寫本書的動機。

知名日本民俗學者宮本常一，出身山口縣周防大島。他花了半世紀徒步，訪察了三千個以上的日本村落，關於臺灣原住民部落，他也有過相關紀述。宮本常一說的話，在本書取材過程中，一直是我隨身的處方箋。

「故鄉，教導了我看事情的方法、思考方式以及行動的方法。」

「從故鄉看廣大的世界，看瞬息萬變的世界，思考許多的問題。」

對像我這樣背景的人來說，除此之外，沒有能讓自己接受看待世界的方法。離開鄉土也無法培養固定的看法和觀點。」

本書出現了許多日本時代的人事物，但我想在此鄭重聲明，我絕對不是要肯定或讚美日本在臺灣的統治。無知則無法思考，不思考的話，也絕對無法共同創造建設性的未來。本書盡量不使用「歷史」這個字眼，因為這不是教科書上的那種「歷史」，而是理解人們所背負的故事和來時路，是不同國家、文化的人們互相尊重時不可或缺的根基。

像我在取材、執筆或畫插圖時所發現的。讀了本書想到山口縣一遊的臺灣讀者，如果能在享受山口縣自然風景與生活文化的同時，也能發現未知的故鄉臺灣，那該有多麼開心。

本書的執筆，以（一社）山口縣觀光聯盟為始，感謝所有在訪問取材時，照顧與支持我的所有人士，也向幸福文化出版社的梁淑玲小姐從心裡致上謝意。還有，和歌與山頭火的詩歌翻譯等過份的要求都能完美處理，兩人三腳共同努力，為本書給出了美好翻譯的高彩雯小姐，還有感謝我的家人，以及協助我的朋友們，我想懷著愛意向你們道謝！

祝各位每日的旅行都能成為美好的旅行。

Bon voyage !

栖來 光

# 推薦序

## 還未探訪的另一個日本──山口

四百三十萬，是二〇一六年國人赴日的總人次，對兩千三百萬人口的台灣而言，這股日本熱不會是絕後，但絕對是空前的一刻。在大量到訪日本列島的台灣人之中，東京、京都還有大阪，相信是多數人首度來到日本的不二選擇，進階版的哈日達人，行旅的腳步開始延伸到北海道、東北來體驗雪國的溫度，或是選擇到另一個古都的奈良、鎌倉，還是來到帶有異國風情的橫濱、神戶。當然還有，九州福岡的豚骨拉麵、四國德島的阿波舞，藝術島嶼的直島、社造小鎮的古川、大地藝術的越後妻有等等，不勝枚舉的日本，造就一波又一波訪日的動機，這還不包括絕對要裝滿裝足的購物日本。

如此蓬勃的訪日觀光風潮，日本早已成為國人最熟悉的外國，不過，日本不只如此。在本州與九州交界有一個地方叫做山口，這個地名不僅對多數台灣人顯得陌生，或許會有人半開玩笑地問，跟山口組有甚麼關係，或者，是山口百惠的故鄉嗎？比起大家熟悉的東京、京都，山口就像一處尚待發掘的新天地。在四百三十萬人次來自於福爾摩沙的日本旅人中，僅有將近一萬人來到山口，雖然人數逐年有成長的趨勢，山口，仍是國人所不熟悉的日本。或許當提到壯麗景致的秋芳洞、錦帶橋，還是簽訂馬關條約，改變近代台灣命運的春帆樓，點頭的人還會多一點。

山口舊稱長州，歷史上的長州特別在幕末與薩摩齊名，吉田松陰、高杉晉作、伊藤博文、大村益次郎等叱吒明治歷史舞台，相信這對熱愛日本歷史的人來說，絕對不感陌生。山口人不僅在日本邁向近代國家那一刻脫穎而出，桂太郎、乃木希典、兒玉源太郎、佐久間佐馬太、上山滿之進這五位台灣總督，皆來自於山口，顯示山口與台灣不凡的連結。南國台灣與本州最南的山口的緣分不僅如此，正好就在百年之前，日本民俗學之父柳田國男從山口跟前的門司港搭乘信濃丸，南行展開人生唯一一次的台灣之旅。門司港，彷彿戰前連接日本、台灣的臍帶，承載了一批又一批旅人駛向南方，當船隻駛出門司港灣，下一站就是台灣的玄關基隆。

對於民俗學學徒而言，山口，也是宮本常一的家鄉、國分直一終其一生之地，周防大島的環境，孕育出日本民俗學界傳奇的旅人民俗學者宮本常一，透過雙腳踏破十六萬公里，人生長達四千日以上調查旅行的堅毅，呈現山口人特有的縣民特質。山口與台灣的歷史緣分，山口的英雄好漢、好山好水絕對不僅如此，過去我們少了機會好好認識這塊宛如秘境般的日本。今日，出身於山口的新銳作家栖來ひかり氏，透過動人的文筆及優美的照片，帶領你我一同來認識山口。在起身開票，準備前往日本之前，請記得先翻開這本書，在地人的私房景點，人文薈萃的山口，百匯滿載於這本著作。來一趟山口之旅吧，我們從柳田國男當年起程的門司港出發。

國立台北藝術大學副教授
大阪大學博士
林承緯

# 推薦序

## 認識孕育諸多影響台灣深遠人物的土地

山口縣是日本首相（總理大臣）的故鄉，歷史上曾有九名首相來自山口（伊藤博文、山縣有朋、桂太郎、寺內正毅、田中義一、岸信介、佐藤榮作、菅直人、安倍晉三）。臺灣日本時代，十九位總督中則有五位出身山口縣（桂太郎、乃木希典、兒玉源太郎、佐久間左馬太、上山滿之進），治理臺灣合計長達二十一年，源自長州藩的政治派閥傳統淵遠流長，影響深遠。

這個人口只有新北市三分之一的行政區，能有這樣驚人的成就，歸功於三面環海，與外界頻繁接觸的地理環境，激發此地人民在歷史上適應環境以求生存。而除了政治家，山口人在土木工程和建築營造的領域，也在臺灣留下精彩印記。一九〇八年臺灣總督府極為重視的交通事業鐵路縱貫線竣工，堪稱臺灣空間革命，居首功的是後藤新平特別從「日本鐵道」挖角來臺鐵道部技師長長谷川謹介，來自山口山陽小野田市。除了縱貫線，長谷川技師長在臺灣九年的時間，也負責港口、車站、支線等建設，對臺灣交通發展影響深遠，日本時代還曾將他的銅像面向城市，設置於臺北車站前廣場，好像在向前來乘車的人介紹背後的得意作品，也顯示當時社會對於技術官僚的敬重。

總督府土木局營繕課是官方樹立治理象徵的重要機構，其中兩位曾擔任課長的野村一郎和近藤十郎也都是山口人。來自山口周防國吉敷郡吉敷村的士族野村一郎畢業自帝國大學工科大學造家學科，一九〇〇年來臺任建築技師，長谷川謹介銅像背後的島都門戶臺北車站、金融重鎮臺灣銀行、權力象徵總督官邸、治臺功績紀念碑故兒玉總督暨後藤民政長官紀念館都是他的得意之作，總督府新建工程的工事主任也由他擔任。後來野村一郎離臺返日開設事務所，又被聘為朝鮮總督府新建工程囑託，在兩地最重要的行政機關都能看到他的心血結晶。

而相較野村打造眾多權力象徵，出身山口縣吉敷郡山口町大字八幡馬場町的平民近藤十郎，可說是最貼近庶民的公共建築創造者。臺北醫院、臺灣日日新報社、新起街市場、大稻埕市場、臺北中學校和建成小學校等與日常生活息息相關的機構都是他的作品。近藤出國考察醫院和學校的成果，也是總督府持續打造臺灣基礎建設的珍貴準則。此外他也是一名教育家，曾任東門學校、成淵學校、組合教會日曜學校校長。而野村一郎和近藤十郎這兩人也都是市區改正（都市計畫）的主要委員，塑造今日臺北街道風貌的基本架構。

相較於務實的營建事業，縱橫殖民地的實業家無疑是冒險家。創立賀田組推動東部移民村的賀田金三郎（長門國萩）、爭奪臺灣第一家百貨公司頭銜的菊元百貨創辦人重田榮治（玖珂郡橫山村）和林百貨創辦人林方一（佐波郡柚野村）也都來自山口，山口人在臺灣的活躍程度令人驚嘆，如果日本時代缺少他們縱橫闖蕩臺灣的氣魄和手腕，臺灣面貌與今日必然大不相同，但我們對山口的認識卻相當有限。就如同思想家吉田松陰老師所言：「欲論人事，先觀地理。」讓我們跟著山口人栖來光的腳步，回到她的家鄉，認識這塊孕育諸多影響臺灣深遠人物的土地。

（原故兒玉總督暨後藤民政長官紀念館）
國立臺灣博物館　規畫師
凌　宗　魁

**推薦序**



## Chapter 1

## 門司港

旅行的起點，進入山口縣之前



## Chapter 2

## 下關

悠遊在河豚、竹莢魚、海鰻等魚群裡的海底隧道

Chapter 1

# 旅行的起點，進入山口縣之前

門司港

門司港

福岡縣／門司港

# 從台灣到日本，從前的玄關

在桃園機場搭飛機到福岡機場，大概是一個小時四十分鐘。在飛機上看電影的話，會在最高潮的段落聽到「我們即將開始降落」的機上廣播。降落以後我還是不放棄的看著電影，接著畫面會突然中斷，沒辦法只好下飛機了。很想知道電影接下來的劇情，心裡難受極了。

話是這麼說，但提領行李的時候，對接下來旅程的期待不知何時已經讓我忘了剛才的電影。

從機場最近的博多站坐電車

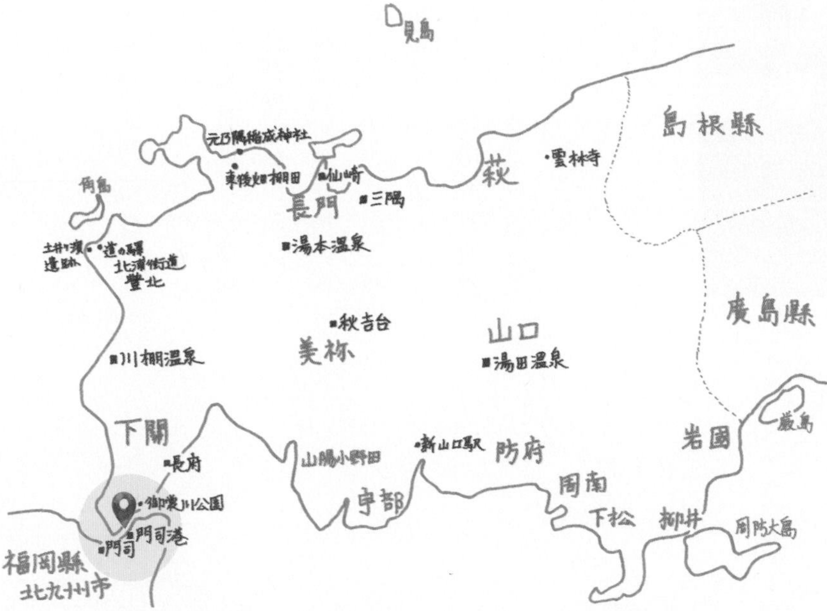

搖晃一個半小時，抵達的是九州北部的「門司港」。隔著海峽的對岸是山口縣下關市，看起來很近，甚至覺得如果是泳技高超的人大概能游到對面。下關的「關」，門司的「門」，取這兩字叫兩地之間的海峽為「關門海峽」。

門司港最繁榮的時候，關門海峽上的大橋和海底隧道都還沒興建。這裡是從前九州鐵道的起點站，同時也是外國航路的據點，往來外國與日本，舶載的人與物都在門司港停留。

因此，台灣與門司港，其實因緣不淺。一八九六年開始，大阪商船開始經營的「台灣航路」，正是從神戶走瀨戶內海，經過門司，載運乘客與貨物，再前往基隆港，當時台灣海路最受矚目的渡輪是「高千穗丸」。赫赫有名的造船技師和辻春樹（一八九一～一九五二）設計的

▲ 門司港隔著海峽的對岸是山口縣下關市，看起來很近，
甚至覺得如果是泳技高超的人大概能游到對面。

▲ 門司港是從前九州鐵道的起點站，同時也是外國航路的據點，往來外國與日本，舶載的人與物都在門司港停留。

高千穗丸，是享譽一時的名船，據說船內施以蒔繪與螺鈿，極盡奢華。在台南出生成長，活躍於日本的料理研究家辛永清，曾經回顧過那時候的航船旅行。「當時跑日本航線的船，不是高千穗丸就是高砂丸，大船上都有著金碧輝煌的大廳和甲板泳池，非常豪華。每當父親要搭乘的船入港，我都會上船，趁著船還沒出港前到處玩耍，因此我心中也嚮往著，希望有一天自己也能搭船到日本。」（《府城的美味食光：台南安閑園的飯桌》辛永清著，劉姿君譯，聯經出版社）

從基隆港出發到門司港的船，抵達的不僅是往來的人們，當時被視為高級水果的「台灣香蕉」也是其中之一。

來自台灣的香蕉，卸貨時大多還保有原來的青綠色，再從市場運送到門司或對岸山口下關的水果行。所以門司或下關的水果行，不管是哪一家都會在地下室設有催熟香蕉的「ムロ（室）」。當時的水果行會把青綠色的香蕉放到地下的「ムロ（室）」，上面設置木棧，放冰塊，底下生火調節暖室裡的溫度，用這種設備來熟成香蕉。不過，畢竟是從台灣開到門司港的船，抵達的時候就已經有一些香蕉太早成熟而變黑，這時就得跟時間賽跑了。應運而生的是門司港有名的「香蕉叫賣」。露天販賣的

▲ 和山口縣・下關一起進行了大規模再開發計劃的門司港，修繕保存了殘留的大量洋風建築，以往昔的美好港都為主題，觀光名勝「門司港懷舊區」在此重生。

業者在棧橋上，或用獨特的唸白叫賣「啖呵売」（電影《男人真命苦》裡，寅次郎露天叫賣時，有一段有名的台詞：「我本人，生長於東京葛飾柴又，在帝釋天出生，姓車，名為寅次郎～」），或者在香蕉旁邊敲打木棒壯壯聲勢邊唱著「香蕉節」，這種獨特的販賣手法，漸漸成為門司港的風物詩。

一九四二年關門鐵路隧道開通，一九五八年世界第一條海底隧道誕生。從此不需經由門司港就可直達本州的山口，如同世界上多數的港口都市，門司港也逐漸失去了往日榮光。物流發達的今日，黑色的香蕉已經不再抵達門司港。即使如此，現今的「香蕉叫賣」作為一個失落的文化藝能，還是由保存會傳承守護著。

我從前也在門司住過。在神奈川出生以後，因為要和祖父母一起住，父母帶著三個月大的我移居這裡。還記得幼兒園下課以後，母親常帶著我去港口看船。我特別喜愛一種叫做鯨魚船的黑色船。說起小時候我的門司港印象，是宛如時間凝止般寂寞的地方。但之後，和對岸的山口縣・下關一起進行了大規模再開發計劃的門司港，修繕保存了殘留的大量洋風建築，以往昔的美好港都為主題，於是觀光名勝「門司港懷舊區」在此重生。

◀「北九州市門司麥酒煉瓦館」，是九州最早的啤酒公司「帝國麥酒株式會社」的工廠遺跡，現在作為紀念館使用。

門司港

## 門司港站 新文藝復興式的木造建築

回想幼年時的記憶，首先浮上心頭的是門司港站的風光。一九一四年完工的門司港站，橄欖綠的屋頂配上奶油色的外牆，左右對稱的新文藝復興樣式的優美木造建築，是全國第一個被指定為國家重要文化財的車站。門司港在日劇和電影中也常常登場，懸疑劇場的舞台如果是九州的話，鏡頭就會先轉到門司港，堪稱是九州玄關的象徵。可惜因為年久失修，很長的時間都處於保存復舊時期，無法看到原來的英姿。修復預計在二〇一九年完成，我衷心期待能和門司港站再度見面。如果是鐵道迷的話，旁邊的「九州鐵道紀念館」也是絕不能錯過的景點。

負責監修門司港站建設計劃的是鐵路技師赫爾曼・魯姆舍特爾（Hermann Rumschöttel、一八一四〜一九一八）。日本在德川幕府末年到明治時期，為了從歐美引進先進技術，招聘了許多歐美人士，赫爾曼是其中之一，他是設計東京站和東京鐵道網的佛蘭茲・巴爾札（Franz Baltzer、

一八五七～一九二七）的前一任技師。因為他溫厚的個性，當時許多日本人十分愛戴赫爾曼，稱他為「九州鐵道之父」，有名的鐵路技術師島安次郎也受到他的薰陶。順道一提，島安次郎的家族，祖孫三代都是超強鐵路技師，島安次郎的的兒子島秀雄也參與了D51型（在台灣被稱為DT650型）蒸氣火車的設計，這車很受市民喜愛，被稱為「D51（デゴイチ）」。安次郎的孫子輩裡，還有擔任台灣高鐵技術顧問的島隆。

話說，德國人赫爾曼・魯姆舍特爾很愛啤酒，每天能乾掉一打啤酒，雖然身形偏小，但體重有九十公斤。說到啤酒，門司港的隔壁站，門司・大里站，就有「北九州市門司麥酒煉瓦館」的建築，是九州最早的啤酒公司「帝國麥酒株式會社」的工廠遺跡，現在作為紀念館使用。經營者是在台灣得到樟腦販賣權而獲得極大利益的當地商家「鈴木商店」，在大正時期鈴木商店是年收幾乎凌駕三井、三菱等集團的綜合大公司。這間工廠裡，誕生了日本時代台灣人也常喝的「櫻花啤酒（サクラビール）」。在台北秋惠文庫收藏的老照片裡，我看到了台北車站附近提供櫻花啤酒的啤酒屋照片。台北市同安街的紀州庵的老照片裡，也能看到掛了「櫻花啤酒」的燈籠。櫻花啤酒就是從這裡，在門司大里的啤酒工廠製造出來，再由門司港海運到基隆。但中日戰爭爆發前鈴木商店破產，櫻花啤酒變成了現在的札幌啤酒。自從看到日本時代的老照片以後，一直對「櫻花啤酒」的味道很感興趣。

門司港

## 門司港當地啤酒工房（門司港地ビール工房）
## 回到和洋混血的舊時光

在門司港，我終於找到櫻花啤酒的線索了。門司港站車站旁邊，有一間可以喝到美味精釀啤酒的「門司港當地啤酒工房」，三層樓啤酒屋餐廳的菜單上，有一種琥珀色的啤酒，據稱是以昭和初期的啤酒滋味為靈感的「門司港驛啤酒」。這啤酒的味道饒有深意，原本的苦味很強。聽說是因為要經由鐵路或航船長途運送啤酒，所以加了更多有防腐功能的麥芽。

門司港當地的啤酒工房於一九九六年開店。雖說現在不管日本或台灣，都正流行精釀啤酒，但在關門海峽一望無餘的這間三樓的店，聽著爵士樂喝啤酒，是特別沁人心脾的美事。在這裡可以點最適合啤酒的下酒菜，像是火腿或燒烤料理，還能吃到門司港知名美食「烤咖哩」。烤咖哩是昭和三十年代出現在門司港的和風洋食，是白飯上鋪了咖哩、起司、生蛋，再進烤箱燒烤的和洋折衷料理。所有門司港的餐廳，「烤咖哩」必定名列菜單。當地啤酒工房的烤咖哩吃得出蕃茄的酸味，還有關門海峽名產炸「河豚」，這種「混血感」恰好表現了門司港的老建築和街區的氣氛。

說到混血感，剛才上樓時的電梯裡，有一對熟年的情侶大概七十五歲左右吧，男的穿件像是畢卡索常套著的黑色條紋衫，麻布外套，戴著白色獵帽，白褲子下搭的是白色帆船鞋，沒穿襪子，一派海洋風的打扮，是講究時尚的白人男性。他身邊的日本女性身著棕色的套裝，壓得低低的帽子加上太陽眼鏡，也讓人感受到她特殊洗練的魅力。我被帶到離這兩位稍遠的位置，但還是不時偷瞄著這一對像是從雜誌剪下的璧人。女性似乎在外國住了很久，背脊挺直，優雅地說著流暢的英語。避開夏天強烈的日光，兩人相對微笑，悠哉地喝著啤酒，一邊吃著生火腿，這樣的午後雙人組合，正是適合門司港的最佳風景。

我點了最能代表德國的啤酒——「weizen」啤酒，曾經在「Japan Asia BeerCup（日本亞洲啤酒盃）」獲得金獎，同時也是門司港當地最受歡迎的啤酒之一。weizen 啤酒的甜味裡，確實嚐得出少許像是杏桃類水果的酸甜香味，喉頭還會留下香蕉般的甜香，這閃閃發光而滑順的金黃色啤酒，讓我好想稱它為「酵母妖精」啊！我想那位愛喝啤酒的鐵路技師，如果在門司港生活時能喝到這種啤酒，不知會有多麼開心。

◀ 老舖壽司店「富美」毫無造作的店內，應有的器皿陳列妥當。

門司港

## 榮町銀天街／三宜樓／富美／館

# 觥籌交錯間，道盡昔日繁華盛景

來到門司港，不只是懷舊老街區，也一定要去商站街「榮町銀天街」逛逛。比起現在被修繕得很齊整的港口懷舊區，榮町銀天街這裡更可以感覺到從前門司人的生活方式，至今仍留存的繁華餘味，令人懷想昔日船舶大量靠港、各國旅客摩肩擦踵的盛況也是樂事。走到商店街盡頭，會看到在高台處聳立著木造三層樓的氣派日本住宅。「三宜樓」本來是高級料亭，昭和三十年（一九五五年）休業，後來在保存運動中被重新修復，目前除了免費參觀以外，還可以在古蹟裡用餐。現存的料亭建築裡，三宜樓是九州規模最大的一棟，可以從三樓眺望關門海峽風景。

回頭說商店街入口處，有個小小的招牌上寫著「富美」的小料理店，是在一九四六年創立的老舖壽司店。

戰爭結束後，女將富美桑在戰火燎原後的廢墟上賣起蔬菜時，老闆也從北九州市的八幡結

東廚藝修業回鄉，兩人就在這裡一起經營料理店。一九六二年改做壽司店，現在的老闆是第二代。老派壽司店不假修飾的店裡，應有的器具各就其位，雖然看上去極為謙抑，其實到訪門司港的達官顯要來此光臨的不少，是當地名店。美國前總統約翰甘迺迪（John Fitzgerald Kennedy）的長女，也就是歐巴馬總統時期的駐日大使卡洛琳甘迺迪（Caroline Bouvier Kennedy），聽說來門司時也有到這間店。剛好坐在我隔壁的客人是以門司港為據點的船運物流公司的社長，他說即使是現在，台灣和門司之間每天還是有許多貨櫃輪往來不絕，他也帶長榮航空的董事來過這裡呢。

◀ 壽司店老舖「富美」用關門近海捕獲的花枝、貝類或海膽捏成寶石般的壽司。

在我們聊天時，第二代老闆稻吉康伯桑迅速擺在眼前漆器吧台上的，是用關門近海捕獲的花枝、貝類或海膽捏成精巧如寶石般的壽司。牙齒輕輕咬下時，讓人嘩的分泌出唾液的是當地當令的鮮美穴子（海鰻）炙烤壽司。我一邊喝著與海鮮非常相宜的山口縣萩市地酒「東洋美人」，一邊不斷地往嘴裡送進宛如會在舌尖上融化的艷麗物體。住在這附近時年紀還小，從來沒來過這樣的店（想當然耳）。啊，當個大人真是太好了。

聽說有一位女性常客，在二〇一五年、九十二歲高壽辭世之前，幾乎每天都來這間店暢飲五合九百毫升日本酒。她的名字是溝口滿子女士。她身為貿易公司的社長，為台灣的香蕉進口盡了很大的心力。日本政治家蓮舫的祖母陳杏村也是，和台灣香蕉有關的女中豪傑為什麼那麼多呢？富美的客人多半是出入這間店好幾十年的常客，但對初次來店的客人也很溫暖。這種寬容大方，是港口都市的特性吧！順道一提，這間店是無菜單料理，先跟老闆說好預算是「五千日圓」或「八千日圓」，他會根據客人預算提供當天的美味餐點。不知道會出現什麼樣的深海寶石啊？高漲的期待感也讓盛宴更加美味。

用完餐以後，我試著問了老闆哪裡有不錯的酒吧。要找好店，就要問好店，這是真理。結

果，在廚房負責炸天婦羅和燒烤的老闆的兒子──幹夫桑走了出來，在前面為我帶路。我們走進了酒館林立的小巷，港都之夜充滿魅力，不管哪個招牌看起來好像都說著「來啊來啊」。其中有一間店，在闇夜裡只亮著一個字「館」，幹夫打開了門，對裡面殷勤地招呼了一聲：「蒙您照顧了，請多幫忙」。

和身旁一起工作的太太加起來超過一百五十歲的「館」的老闆，一九三二年出生於台南市壽町一丁目。老闆的父親曾在台灣「櫻花啤酒」做過業務，戰爭結束後回到日本，之後來到門司港。

▶ 港都之夜充滿魅力，在闇夜裡酒館林立的小巷內，招牌只亮著一個字「館」的酒吧老闆是調酒界名人，能調出世界列國港口的水手們所喜愛的各種調酒。

在門司港的傳奇酒吧「八番館」工作過的老闆，能調出世界列國港口的水手們所喜愛的各種調酒，是調酒界名人。八番館關店以後，他取用原來店名的一個「館」字獨立開業。

他說剛懂事的時候，在南投發生了大地震。是一九四一年的嘉義大地震吧？

「水果很好吃呢！」

小時候附近的人們聊天時都是用當地的語言，不過已經忘光了。有朝一日回到台南的話，可能會想起來吧！

芒果是「suaya」、芭樂是「bala」、香蕉叫「ginjyo」喔。

「對對，是那樣說沒錯」老闆圓圓的眼睛都亮了起來。

「因為工作忙，不太能撥出時間去旅行，但總想回去台南一次啊。我姐前一陣子回去了，說我家的建築物還在喔！」

台灣航路之星高千穗丸，一九四三年三月十七日從門司出港，三月十九日在基隆海邊被美軍潛水艦的魚雷擊中，因而沉沒。那艘船上，有和陳夏雨、蒲添生等人活躍於同樣時代、備受矚目的台灣雕刻家，黃清呈。這位有才華的年輕藝術家，享年三十一歲。一九四五年四月沖繩戰開始以後，連結門司港和基隆的台灣航路就此煙消雲散。

**景點位置——**

**門司港當地啤酒工房（門司港地ビール工房）** 福岡県北九州市門司区東港町 6-9
**富美** 福岡県北九州市門司区栄町 2-13
**館** 福岡県北九州市門司区栄町 5-23

Chapter 2

# 悠遊在河豚、竹莢魚、海鰻等魚群裡的海底隧道

下關

下關

### 關門隧道

## 走過海峽看武士家族的興衰

福岡縣門司港和山口縣下關市，因為關門海峽介於其中，連結起兩處的是海上的「關門大橋」和海底的「關門隧道」。小時候，坐在爸媽車上經過隧道時，總會想像隧道頂慢慢龜裂，龐大的海水和魚群都灌進來的光景，雖然感覺很驚悚但又有一絲恍惚的快感。所以雖說走關門大橋可以親眼見證關門海峽的壯美，不亦快哉（尤其天氣好的時候或黃昏風景實在讓人陶醉！），但因為上述的私人原因我很難捨棄掉關門隧道。

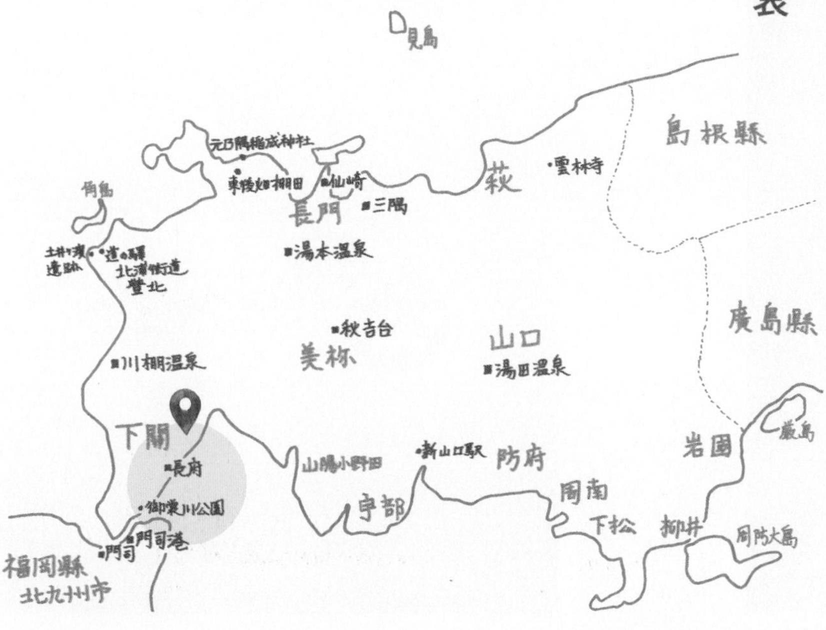

關門隧道其實有行人專用的隧道。在隧道裡會看到寫著「福岡縣」和「山口縣」橫跨兩縣的知名拍照景點。進了隧道以後，可以想像世界各國的大船在頭上航行，在這裡完全不用理會關門海峽激烈的潮流，彷彿可以花十五分鐘悠遊在河豚啦！竹莢魚啦！海鰻之類的魚群裡。隧道長度七百八十公尺，而且是免費的。（摩托車或自行車也可通行／費用二十日圓，下車牽行）

（照片提供／下關市）

◀▼ 橫跨福岡縣和山口縣的海底隧道。

山口県
福岡県

下關

# 壇之浦
## 如激烈海潮般的歷史決鬥舞台

門司港過了海就是山口縣下關市的壇之浦區。海峽的寬度最窄，在日本是海潮數一數二激烈的地方。

面朝關門海峽的下關位於本州最西端，古時被稱為「赤間之關」或「馬關」。平家一門的滅亡、劍豪宮本武藏與佐佐木小次郎的巖流島決鬥、朝鮮通信使進港、伊藤博文和高杉晉作的奇兵隊活動據點、統治山口縣的長州

▲ 平知盛和源義經的銅像。

藩和英、法、荷、美等各國開戰、馬關戰爭後台灣被割讓給日本的中日講和條約（即馬關條約）的締結等等，許多歷史事件在這個海域戲劇般交錯，如同日本海和瀨戶內海的海潮相互激盪時捲起的漩渦。

在日本特別有名的則是「壇之浦合戰」的故事，是一一八五年滅亡的平家和之後建立鎌倉幕府的源氏在壇之浦的最後戰役。平清盛本來只是平安末期的一介武士，因得到瀨戶內海的制海權，在和宋朝的交易裡獲得龐大利益，以此為基礎控制京都朝廷，成功擁立自己的孫子當上「安德天皇」，是日本最早掌握

政治實權的武士，也是持續到江戶時期的「武家政治」的開創者。可能是與平家為敵的源義經被看做大英雄的影響吧！在日本，長久以來平清盛被當做反面人物，是暴發戶的暴君形象。但是近年平清盛重新受到肯定，包括他性格上的體貼和溫和，以及利用宋錢建立日本貨幣制度基礎的先見之明。二〇一二年大河劇《平清盛》中，松山研一適切的詮釋了這位深具魅力的人物。從怎麼樣的立場出發，看待事物就會發生完全不同的偏移，這是讓我們重新思考「歷史」其實是一種重構的佳例。

平家繁榮至極的當時，甚至出現「不是平家人，連人都不算」的說法，但他們之後的命運如同《平家物語》的開章：「祇園精舍之鐘聲，有諸行無常之響；沙羅雙樹之花色，顯盛者必衰之理。驕奢者不得永恒，彷彿春夜一夢；跋扈者終遭夷滅，恰如風前塵埃。」（《平家物語》，鄭清茂譯，洪範書店）

反抗平家獨裁統治的關東武士，以源氏為中心，在一一八〇年舉兵攻打平家，平氏一族被迫離開京都，敗亡出逃。為了表示自身權力的正當性，平家一族帶著安德天皇與象徵日本天皇的「三種神器」（歷代天皇所繼承的鏡、玉、劍，發端於日本神話），從兵庫到四國和瀨戶內海沿岸，與源氏交戰的舞台一路往西延伸（史稱「源平合戰」），最後在下關的壇之浦被敵軍完全包圍。絕望的平家武將一個接一個投海自殺，連安德天皇和祖母二位尼（平清盛正妻．平時子）也投身於壇之浦的海波裡，平家就此滅亡。安德天皇得年六歲，據說他是日本天皇中崩殂時最年幼的。

安德天皇投水的地方，正在關門隧道（人行道）出口靠海處的「みもすそ川公園（御裳川公園）」。這裡設有安德天皇的祖母二位尼歌詠的和歌碑。

今日方知，御裳川海波，波浪之下，亦有都城。

「海波下也有都城啊！我們一起去吧！」，這是二位尼對年幼的安德天皇說的話吧！

因為始終沒發現安德天皇的遺體，有很多傳說認為小天皇其實是逃亡到某地了，日本全國各地都流傳著這種「平家落人傳說」。只要去日本鄉下旅行，一定會碰到的浪漫「平家落人傳說」，就是從這裡開始的。

下關

## 赤間神宮
# 重現神社的輝煌足跡

從御裳川公園穿過關門大橋下方，往西走一公里左右，來到「赤間神宮」。祭祀早夭安德天皇的赤間神宮，彷彿面向著安德天皇長眠的關門海峽。小學時代在下關渡過的我，為了學校的素描大賽或暑假作業，跑到赤間神宮寫生過好幾次。艷紅色的外牆，讓人聯想起日本畫中「綠青」的綠色屋頂與白色樓門的對照，非常魅惑人心，即使只是小孩子的我，對赤間神社也印象深刻。

▲▶ 御裳川公園設置著以日本歷史上戰爭為原型的大砲的複製模型，在這裡還可以欣賞遼闊的關門大橋海景。

其實，赤間神宮在戰前只是普通的白木建築的神社。告訴我這件事的是神宮的水野直房名譽宮司。

水野先生出生於大連，今年八十二歲。父親水野久直宮司是當時位於關東州．大連的「大連神社」第三代宮司。太平洋戰爭結束後，大連在蘇聯軍統治之下，土地建築被接收，無處可去的日本人成為難民，在暴力和飢餓下輾轉流浪。因為治安急速惡化，比起平順撤退歸國的在台日本人，滿洲的日本人歸國過程悲慘之極，死亡的日本人數據說高達二十四萬五千人。這數字超過了東京大空襲或廣島原爆犧牲者的數字。

那時，水野父子為了取悅蘇聯的軍隊，為踏進神社的蘇聯兵表演神樂舞與演奏樂器。一九四七年（昭和二十二年）水野直房小學六年級時，在蘇聯兵的護衛下，他手捧著「大連神社」的神體，坐上高砂丸，回到了赤間神宮對岸的門司港。

回國之後，奉職於赤間神宮的久直宮司，在灰燼上重建了大連神社。從前在京都的繪畫學校學日本畫，曾經立志當畫家的久直氏，描畫出已被燒光的赤間神宮重建圖，貼在神社入口附近。像是二位尼歌詠的辭世之歌，安德天皇應該就安眠在這片海底的都城，也就是世間所謂的「龍宮

御裳川公園

▲ ▶ 1965 年大林組開始動工修築出今日的赤間神宮樣貌。

城」吧，久直氏一邊想像著一邊畫畫。他描繪出的美麗社殿圖，在荒頹的赤間之關（下關的古稱）的人們心裡點燃了希望之火。後來，再建計劃得到中部利三郎（建立下關漁業發展的重要基礎），以及大洋漁業（現在Maruha Nichiro股份公司的前身）副社長的全面支援，一九六五年大林組開始動工，總算修築出今日我們所看到的神社樣貌。

戰後從大連帶回來的神體，現在供奉在赤間神宮本殿東北，重建為「大連神社」。其實就算是山口人，知道大連神社的人也很少。寅次郎有名的電影「男人真命苦」系列作品第三十七回，

▶ 1947年（昭和22年）奉職於赤間神宮的久直宮司，在灰燼上重建了大連神社。

是在赤間神社拍攝的，編劇兼導演的山田洋次（一九三一～）也是從滿州撤退回國的其中一人。回國後正值纖細的青春期，寄居在山口縣宇部市親戚的家裡。山田導演後來曾經說過，就是因為經歷過滿州和戰後日本的支配與被支配兩種身分，更同情移民或邊緣人的存在，在創作人情劇、描繪生活中的悲歡離合時，自身遭遇起了很大的影響。

距離朝鮮半島和中國都很近，三面被海洋圍繞的山口縣，是不是因為多重身份，培養了對事物的深刻思索呢？在赤間神社拍戲時，山田導演知道大連神社的存在嗎？有機會我很想直接問問他。

不過，赤間神宮另一個赫赫有名的地方是位於本殿西北方平家一門的武將墳墓「七盛塚」，以及環繞墳塚的「無耳芳一」怪談。赤間神宮從前是被稱作「阿彌陀寺」的寺廟，曾經有一名叫做「芳一」的琵琶法師（盲人琵琶師，職業是彈著琵琶訴說平家興亡的悲壯故事《平家物語》）技術非常高明。某天夜裡，芳一被武士帶到「尊貴大人」所居住的房子，應眾人要求彈唱到平家一門滅亡的「壇之浦合戰」段落時，聽眾感動到啜泣出聲。阿彌陀寺的和尚對每晚都出門的芳一感到奇怪，偷偷跟蹤他，發現芳一竟然坐在安德天皇的墓前，四周鬼火熒熒。芳一的聽眾，其實是平家怨靈。

於是和尚在芳一的身上寫滿「般若心經」，讓芳一在怨靈前成功隱身，只是忘了將經文也抄在兩耳上。沒找到芳一的怨靈，想說至少要帶點東西回去，就扯下了芳一的兩隻耳朵，失去耳朵的芳一在那之後就被稱為「無耳芳一」了。

我問了水野先生，芳一是真人真事嗎？

「關門海峽因為漲潮和退潮的關係，潮流很快，從前的交通只能靠渡船，等待出海的時候，大家可能在茶屋聽聽琵琶法師講平家物語吧！所以街頭藝人也應運而生。無耳芳一的故事應該是有時代背景的。」

拜訪赤間神社那一天，是彷彿火烤般的盛夏。但是本殿西北的七盛塚（平家之墓）附近，就算白天也散發著一股陰森的寒意，即使沒什麼靈能感應力的我也感到幽微的恐怖。跟水野先生說了我的感覺，他好像很得意似的。

「是吧，有感覺吧！要說到平家的亡靈啊！可是日本第一的怨靈。」

從前水野先生曾經帶過一位靈能師的女性客人到赤間神社，也來到七盛塚。

「她突然就昏倒了，趕緊把她帶到社務所讓她休息，醒來以後她跟我們說，從墳塚那邊出現了無數的亡靈衝了過來，還穿過自己的身體。」

七盛塚的前方，設了彈唱琵琶的無耳芳一像。莫非，深夜裡芳一依舊彈唱著「壇之浦合戰」安慰著平家亡靈嗎？我不禁浮想聯翩。

關於台灣，水野先生特別記得四十年前到台北孔廟看到從半夜到清晨舉行的孔子誕辰祭典。從各方面到現代日本神道，日本都受到儒教的深刻影響，他似乎鮮烈地感受到了。到了早晨，祭典的最後，孔子像前供奉了黑牛的祭品，小孩子從孔廟大門那邊紛紛衝過來拔牛毛祈求學業成就，也是他記憶猶新的景象。

水野先生在大連待到小學六年級，中文說得很好，我們說再見時也用中文道別。從他口中說出「雖然一半是日本人，但我覺得自己有一半也是大連人」的話裡，我感覺到此處如同潮流相會深深受到中國與朝鮮的影響，波濤洶湧宛如戲劇般的下關歷史。

**景點位置 ──**

**關門隧道／御裳川公園** 山口県下関市御裳川町22

**赤間神宮／大連神社** 山口県下関市阿弥陀寺町4-1

下關

## 河豚／春帆樓／日清講和紀念館
# 體會蘇東坡盛讚河豚的鮮美

說到下關就是河豚了。

在河豚的主要產地山口縣，發河豚（fugu）的發音時大家不發出「gu」的濁音，而是唸成「fuku」，取「福」的雙關字義，聽起來比較幸運。雖說河豚是高級食材的印象深植人心，但是會馬上想到河豚有毒的台灣人也不少吧。

這回我採訪了在下關經營「福豚之關（ふくの関）河豚料理餐廳」的上野健一郎社長。

「山口縣已經幾十年都沒發生過河豚中毒的事件了。現在在山口、福岡、大分、東京、大阪等地區，如果要處理河豚的話，由地方政府發出專門的調理師執照後，店家才能賣河豚料理，尤其山口縣這邊的標準特別嚴格。在處理河豚的安全性上，我們可是自尊心很強的。」

▲▶ 世界聞名的河豚料理重鎮──山口縣下關，「福豚之關（ふくの関）」為下關的河豚料理餐廳。

（照片提供／下關市）

（照片提供／山口縣觀光聯盟）

▲ 唐門市場。
▶「福豚」刺身料理。

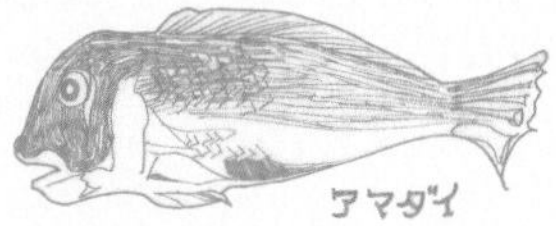


全日本捕獲到的天然河豚和以長崎為中心養殖的虎河豚，有八成會集中到下關，就是因為這裡的加工廠很集中。從漁船上卸貨下來的河豚，在加工廠被區分成有毒性的部分和可食用的部份，在完全無毒的狀態下才會出貨到日本各地。

「福豚之關（ふくの関）」的前身是河豚中盤老店「畑水產」，在唐戶市場旁的「Kamonwharf カモンワーフ商場」裡也有分店，除了可以品嚐河豚料理的代表「河豚生魚片」，也能輕鬆享用火鍋或炸河豚。

（補充，唐戶市場是一般人也能自在購物的魚市場，用早上現捕的新鮮魚貝做的壽司或蓋飯之類，那氣派的展示風景，光看就不禁興奮起來，絕對會很猶豫的……到底要吃什麼呢？）

在中國，兩千多年前的《山海經》裡已有關於河豚的記載，「河豚有毒，食之喪命。」從日本各地的貝塚（可說是古人的垃圾場，也是關於古代飲食生活的考古學資料）發掘結果發現，繩文時代日本就開始吃河豚了。

北宋詩人蘇東坡以美食家聞名，他寫了不少詩讚美河豚的鮮美，讀了他的詩成為盤中美食犧牲者的人也不少，接近死亡的味道那麼甘美嗎？

不過在今日的日本，即使有河豚中毒的例子，也是在海邊釣河豚自行料理的素人。花了幾千年的時間，日本的專業廚師已經在累積的智慧和技術上征服了「毒魚」河豚。

河豚一般給人「冬令美味」的印象，但「福豚之關」的上野社長提到因為養殖技術的高度進步，最近一整年都可以享受高品質的虎河豚了。美味安全的河豚刺身，微涼甘甜口感有點Q，入口時想起前人為了吃河豚付出的巨大犧牲，滋味更加複雜了。

說到下關成為「福豚」最重要的產地，其實有著這樣的歷史。

明治維新推動了日本的近代化，因維新有功而當上日本第一任首相的正是山口縣人伊藤博文。有一次他返鄉時到了某間餐廳，當天海況很差，沒有好魚，苦惱的女將在殺頭的覺悟下，為伊藤博文上了餐。那是從豐臣秀吉的時代以來被禁止，但山口當地已經確立了料理方法的「福豚」刺身。驚喜於料理的美味，伊藤博文在明治二十一年（一八八八年）廢除了河豚禁止令，並發給

▲ 春帆樓外是關門海峽與門司港對望的海景。

▲ 伊藤博文和李鴻章在下關最高級的料亭「春帆樓」簽訂了馬關條約（日清講和條約）。
◀ 馬關條約的部分內容。

了那間餐廳「河豚料理公許第一號」的執照。餐廳的名字正是「春帆樓」，下關最高級的料亭。七年之後，伊藤博文和李鴻章在春帆樓簽訂了馬關條約（日清講和條約），戰前春帆樓的二樓就是簽約現場。

一八九五年四月十七日簽訂的馬關條約裡，日本承認朝鮮獨立，但要清廷割讓台灣、澎湖群島及遼東半島，賠償兩億兩（約三億一千萬日圓），清廷直到簽約前，都對割讓台灣一事面露難色。

關於條約簽訂的場地，本來有幾個候補，最後首相伊藤博文決定在春帆樓簽約。下關市立歷史博物館的町田一仁館長對我解釋：

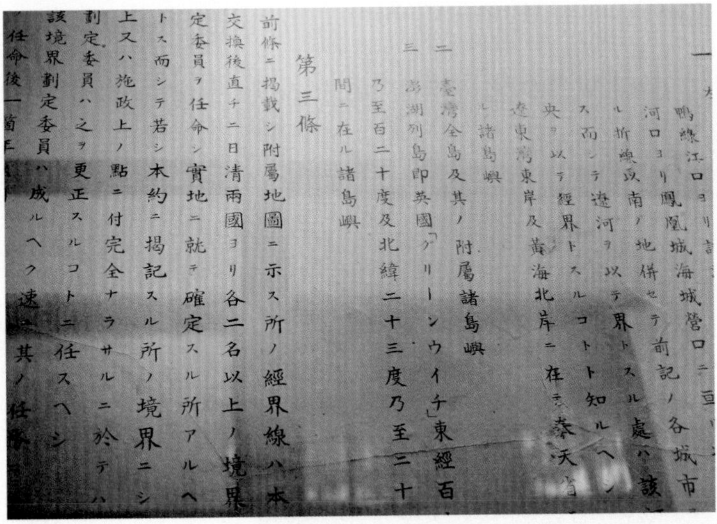
一
鴨綠江口ヨリ
河口ヨリ鳳凰城海城營口ニ亘リ
ル折線以南ノ地併セテ前記ノ各城市
ス而シテ遼河ヲ以テ界トスル處ハ該
央ヲ以テ經界トスルコトト知ルヘ
遼東灣東岸及黃海北岸ニ在テ奉天省
諸島嶼
二 臺灣全島及其ノ附屬諸島嶼
三 澎湖列島即英國「グリーンウィチ」東經百
乃至百二十度及北緯二十三度乃至二十
間ニ在ル諸島嶼
第三條
前條ニ掲載シ附屬地圖ニ示ス所ノ經界線ハ本
交換後直チニ日清兩國ヨリ各二名以上ノ境界
定委員ヲ任命シ實地ニ就テ確定スル所アルヘ
トス而シテ若シ本約ニ掲記スル所ノ境界ニシ
上又ハ施政上ノ點ニ付完全ナラサルニ於テハ
劃定委員ハ之ヲ更正スルコトニ任スヘシ
該境界劃定委員ハ成ルヘク速ニ其ノ任
任命後一箇年

▲ 春帆樓的一室。
◀ 李鴻章的墨寶。

「對伊藤而言，山口是老家，他很熟悉附近的地理吧，不過最重要的是春帆樓的位置。面海，也靠近廣島的大本營（軍隊最高指令機關），對岸近在咫尺。簽約狀況如果不對勁，讓艦隊移動到眼前，利用遠近感在視覺上造成清廷使者的壓力。伊藤大概這麼考慮過吧！簽訂的合約，和我們今日簽訂的契約一樣，每個人各保留一份。清廷全權大使李鴻章、日本總理伊藤博文、外務大臣陸奧宗光等聯名簽署的條約，由蔣介石帶到了台灣，現在收藏在台北故宮博物館。對當時的國民黨政府而言，要主張自己在中國的正統性，外交文件是重要的證據。決定把台灣割讓給日本的清廷的文件，現在在台灣……真是令人感到不可思議的歷史因緣。

山口屈指可數的高級旅館，迎接過無數的達官顯要，這間春帆樓裡到處都是歷代山口縣出身的首相們的揮毫（從伊藤博文開始，山口縣出身的首相已經可以數到八位了）。李鴻章也在春帆樓留下了一些書法作品。

春帆樓境內的「日清講和紀念館」（一九三七年完工／登錄有形文化財）除了當時的貴重資料以外，也再現了簽訂條約的房間，值得一看。在簽約時他們實際坐過的紅色天鵝絨椅很美。台灣和日本走向命運共同體的起點就是這裡，山口縣下關市的春帆樓。

◀「乃木神社」祭祀乃木希典（1849~1912），他是長州藩出身的軍人，因日俄戰爭的軍功被尊稱為「軍神」。

下關

## 乃木神社／第三代台灣總督乃木希典

# 台灣檜木見證台日的關係與命運

從日清講和紀念館和赤間神宮所在的壇之浦往東北方大概八公里，是長府這個城下町。

山口一帶古稱「周防」和「長門」，室町時代（一三三六～一五七三）主要由大內氏統治，當時被譽為「西之京都」，十分繁榮。大內氏滅亡以後，江戶時期為毛利氏所掌管號為「長州」，毛利氏在山口縣靠日本海的萩市建了長州藩的城池。長州藩豪傑輩出，成就明治維新的「志士」們像是吉田松陰、高杉晉作、桂小五郎等人，在日本歷史上留下了重要的足跡，而下關長府也由毛利氏一族設置了「長府藩」，現在還保留著武家屋敷林立的古老街景。

「乃木神社」也在這個街區裡。這個神社祭祀的是乃木希典（一八四九～一九一二），他是長州藩出身的軍人，因日俄戰爭

治天皇死後殉義切腹自殺。的軍功被尊稱為「軍神」，在明

中日甲午戰爭時打了敗仗的清廷，完全瞞著台灣居民在下關簽訂了馬關條約，對台灣割讓感到不滿的一部分台灣人，擁立清人唐景崧為總統，宣示了「台灣民主國」成立。但因日本登陸台灣占領了基隆（乙未戰爭），台灣民主國潰亡，唐景崧逃到廈門。「台灣獨立」僅持續了短短五個月。當時登陸台灣的是第一代台灣總督，鹿兒島（薩摩藩）出身的樺山資紀，接下來被任命為第三代台灣總督的是乃木希典。乃木到台灣赴任時，據說帶上了母親和妻子靜子，這可

看出他對台灣統治工作的深刻覺悟。實際上，割讓給日本時，台灣對日本的反抗非常強烈，大部分的日本官吏都是單身上任，明治天皇也勸高齡六十九歲的乃木的母親壽子留在日本。對天皇的慰留，據說壽子是這樣回答的：「我聽說台灣女子因為被清朝習俗影響，年幼時就被迫纏足，我想解放她們的小腳。」明治天皇為此相當感動，不過雖然留下這樣的逸事，壽子本人渡台後才兩個月就因瘧疾而死。

第四代台灣總督兒玉源太郎（山口縣周南市出身）以近代化政策統治台灣奏效，但在那以前的總督府，為了平定各地蜂起的武力動亂已經精疲力竭。事實上，為了要平定叛亂，乃木失去了許多部下，也深深感受到要將台灣納入日本領土的艱辛，當時他甚至提議將台灣轉賣給法國，因為兒玉源太郎的激烈反對，「賣台案」被取消了。但若不是乃木和兒玉兩人既是同鄉又是日俄戰爭盟友的信賴情誼，或許之後台灣的命運會大不相同。

神社離乃木將軍小時候住過的地方很近，境內重現了當時的乃木家。社殿由阿里山運來的台灣檜木所建成，如同樸實謹嚴的乃木將軍的個性，這座神社讓人感覺到樸實而清冽的空氣。

下關

## 孫文蓮／長府庭園
# 以蓮花昭示君子之間的情誼

在長府毛利藩的「家老」西連長的宅邸「長府庭園」裡，可以享受四時之盛，春天的櫻花、夏日蓮花、秋日的紅葉，都是賞心樂事。

庭園的池子中，夏天開得極盛的蓮花被叫做「孫文蓮」。為了籌集辛亥革命的資金，孫中山在日本募款時，萩市出身、打造日立製作所與日產集團基礎的久原房之介和下關的富豪田中隆都捐助了巨額資金。孫文到下關和田中隆見面時，為了感謝他的支持，在回禮的信封袋內放了四顆古代蓮的種子相贈，長府庭園的蓮花，就是孫文送的蓮實發芽後分株的。

贈送君子以蓮實這事，讓我感受到孫文的深沉情誼。

▲ 長府庭園裡的孫文蓮。

景點位置 ——

**ふくの関（福之関）** 山口県下関市唐戸町 6－1（カモンワーフ 1F 海側）
**唐戸市場** 山口県下関市唐戸町 5－50
**春帆楼 / 日清講和紀念館** 山口県下関市阿弥陀寺町 4－2
**乃木神社** 山口県下関市長府宮の内町 3－8
**長府庭園** 山口県下関市長府黒門東町 8－11

下關

## 川棚溫泉
# 漂泊詩人也喜愛的汩汩溫泉

撥草撥復撥，我還在青山中。

——山頭火

種田山頭火，是出生於山口縣防府市的俳人（俳句詩人），生在富裕的地主之家，但因幼年時母親自殺，由祖母撫養成人。愛喝酒，愛溫泉，後來淪為乞丐和尚，輾轉於各地溫泉街，創作了許多俳句作品。俳句原本的格律是由「五・七・五」的十七音組成，山頭火的句型卻不侷限於原本的格式，被稱為「自由律俳句」，文體自由奔放。在生之寂寥與哀切下所詠出的詩篇，到現在也依然受到許多人喜愛。

山頭火喜愛的川棚溫泉，是我度過小學時期的地方。川棚溫泉為群山所抱，溫泉汩汩湧出，可以臨眺大海。在下關市區工作的雙親，選了稍微離開市中心的鄉間作為我們一家的居所。

那時的我，也用盡了全力，在鄉下的大自然裡暢快玩耍。常常直到太陽下山的前一刻都還在沙

▲ 妙青寺一隅。

灘游泳，皮膚曬得像還沒洗的牛蒡那麼黑。當時海邊漂來了很多清潔劑的空罐和罐頭等垃圾，撿起來一看上面寫的是韓文。沒到過外國的我初次意識到眼前的大海原來和別的國家是連結在一起的。

攀過山崖往對面的山頭走去，在秘境的岩岸戳戳搖曳的海葵，或是採滿滿一袋的海菜回去嚇嚇媽媽（現在回想起來，她應該很煩惱該怎麼處理吧）。有時候會抓到從沒見過的、像蛞蝓的青紫色東西，一刺它就噴出彷如濃縮了青空顏色的液體。

孩童時代的玩樂，常常是非常殘忍的。抓了螳螂浸到水裡，等它肚子裡跑出硬硬黑黑的生物，並以此為樂（後來才知道那是螳螂身上的寄生蟲）。激怒小河豚讓它膨脹起來，再把它丟到地上讓它爆開。把鞭炮塞到青蛙的屁股裡再點燃它……，如果現在我兒子這麼做，我一定馬上斥責他吧！像我家小孩一樣在台北都會區長大的孩子，大自然的自由和殘酷什麼的，其實離他很遠……。

所謂的童年，周圍的環境就是世界的全部，當時雖然不能完全明白，現在回想起來，自己的小學時代過得還不錯啊！對我而言，川棚溫泉就是童年。

▲ 創建 600 年的古剎——妙青寺境內的山頭火句碑。

小天狗

下關

瓦片蕎麥麵「高瀨」（瓦そば「たかせ」）

## 滋滋舞動的麵體飄出茶的清香

在我還很小的時候，「瓦片蕎麥麵」早就是川棚的特色料理了。在烤熱的瓦片上淋上油，鋪上煮好的綠色「茶蕎麥麵」，上面再加牛肉、雞蛋絲、蔥花、海苔、檸檬、辣味蘿蔔泥，攪拌後浸在高湯裡吃，是讓人印象深刻的料理。沒吃過的話或許看這樣的說明也很難想像，但對熟悉這道料理的我來說，是一想起來就

▶ 瓦片蕎麥麵的創始餐廳「高瀨」。

◀ 盡情玩樂後再來份瓦片蕎麥麵！瓦片蕎麥麵正是最好的美食。

懷念得不得了的、不可思議的鄉土料理。當地的一般家庭，會用平底鍋或鐵板取代瓦片，在家做這道料理，我在台北的家也做過瓦片蕎麥麵給朋友吃。

最近除了老家山口，「名產」瓦片蕎麥麵在廣島和福岡等地也逐漸打開知名度，在各地的餐廳都漸漸會看到菜單上出現「瓦片蕎麥麵」。在二〇一六的熱門連續劇《逃避雖然可恥但有用（月薪嬌妻）》裡也堂堂登場，打開了全國知名度。不過，最初發明瓦片蕎麥麵的是在這裡，也就是川棚溫泉的元祖，「高瀨」瓦片蕎麥麵。安倍晉三首相的老家在下關，聽說他每年回山口掃墓時也會順便到「高瀨」享用瓦片蕎麥麵。

「高瀨」創業五十五年，本來好像是旅館。從前薩摩的西鄉隆盛軍在九州的「西南戰爭」一役時，兵士們在野外用瓦片烤食野草和肉類，從這個小故事得到靈感的高瀨慎一老闆，經過不斷的研究和改良，確定了現在「瓦片蕎麥麵」的形式。高瀨社長特別向兩百年歷史的石州瓦老店「龜谷」訂製瓦片，在沒上色的「素燒」瓦片上均勻染上油，再用火爐烤黑，瓦片就更加堅硬不容易破裂。綠色「茶蕎麥」也是店家原創，把京都宇治的抹茶加以揉捻，生產製作而成。放上烤

到攝氏三百度高溫的瓦片上，從滋滋舞動的麵體裡飄出茶葉的清香，交織著油脂炙烤過的香氣。壽喜燒風味的牛肉、錦系雞蛋的美味更不用說了，加在一起用筷子攪拌浸到湯汁裡的豪邁吃法，真是說不出的開心。

離開店家以後，在停車場和從海邊戲水後走來吃麵的人們擦肩而過。原來這才是正解啊！從川棚到日本海往東而上，美麗的海水浴場很多，盡情玩樂後再來份瓦片蕎麥麵！對那經太陽與海水刷洗後，鹽分、水分和油脂被抽乾而沒了勁的身體，瓦片蕎麥麵正是最好的美食。

下關

## 「科爾托 Hall」／Refresh Park 豐浦／劇場旅館 川棚大飯店

# 八百年歷史的小小溫泉街

▲ 隈研吾設計的科爾托音樂廳。

山口名物「瓦片蕎麥麵」發祥之地、被稱為「下關之奧座敷」的川棚溫泉，是一個擁有青龍傳說、開湯八百年歷史的小小溫泉街。喜愛這個靠海低調溫泉區的不只是漂泊俳人山頭火，音樂家阿爾弗雷德．科爾托（Alfred Denis Cortot，一八七七～一九六二）一九五二年來日本時也在川棚住了三天左右，據說他對浮在海上的厚島非常心動，還懇求村長「把厚島讓給我」。後來科爾托的名

▲ 川棚，像群山伸出手擁抱著稻田。

字留在當地的文化設施「川棚之杜」（二〇〇九年完工／隈研吾設計）裡的「科爾托音樂廳」上，這裡舉辦過許多爵士和古典樂等音樂活動。登上高台可以眺望科爾托曾經眺望過的川棚，像是群山伸出手擁抱著稻穗結實的田園。

高台旁邊盛開著各色大波斯菊的是著名的植物公園「Reflesh Park 豐浦」，除了四季不同的植物生態以外，也可以觀察昆蟲，是當地民眾的休憩場所，這裡為了迎接旅行遷徙的「大絹斑蝶」，種了澤蘭這種植物。大絹斑蝶會尋找攝氏二十五度左右的地方棲息，在早春時往北飛，在秋天時南下。因為移動距離很長，為了

不被飛鳥攻擊，養成在身體裡儲備毒性植物的天然體質，就像是有毒的澤蘭在飛行吧！關於大絹斑蝶，為了研究它的移動路徑，長期以來使用標記調查法，發現二〇一五年十月十九日飛離了山口，身上標了記號的川棚大絹斑蝶，二十天後抵達了澎湖。從山口的川棚飛到台灣，和我一樣循著相同路線前來的大絹斑蝶啊！一碰就好像會破了般的黑白薄翅，細細黑黑的手腳，這樣纖細的身體從山口經過九州的阿蘇火山和櫻島，再俯瞰眼下的沖繩諸島來到台灣，我不禁想像起牠的旅程……。

話說，這五十年左右，引領

▶ 高級溫泉旅館「御多福」的社長岡本：「劇場旅館＝旅館就是準備好的非日常的舞台」。

川棚溫泉成長的是「劇場旅館・川棚大飯店（川棚グランドホテル）」。以前我在川棚時稱他為「大飯店御多福（グランドホテルお多福）」，現在的岡本社長在一九六九年（昭和四十四年）繼承了創業兩百年的老舖旅館「多福屋（おたふく屋）」。高度經濟成長的全盛期，所有的觀光區都改變了。在日本的泡沫經濟時期，各地溫泉設施都朝大型化與樂園化的方向發展，擁有八萬五千坪土地的「多福屋」也不例外。

我小時候，說到多福屋，就像是他的廣告詞一樣「很川棚，很新」，還有可以玩小型賽車或滑草的區域，只要在多福屋裡面就可以玩翻天，這樣的大型溫泉旅館，還對九州投了很多電視廣告。只是泡沫經濟期一結束，溫泉旅館的樣貌也不得不隨之改變。後來多福屋轉型成時尚又高級的大型旅館，但岡本社長發明了一個說法：「劇場旅館＝旅館就是準備好的非日常舞台」，這概念倒是從來沒變過。

現在，與打造溫泉街密可不分的街鎮全體環境再造工程，「劇場旅館・川棚大飯店」也出了不少力。支持年輕人在車站前開咖啡館，為鎮上的廣場增添綠意等等，雖然微小，卻是重要的嘗試。

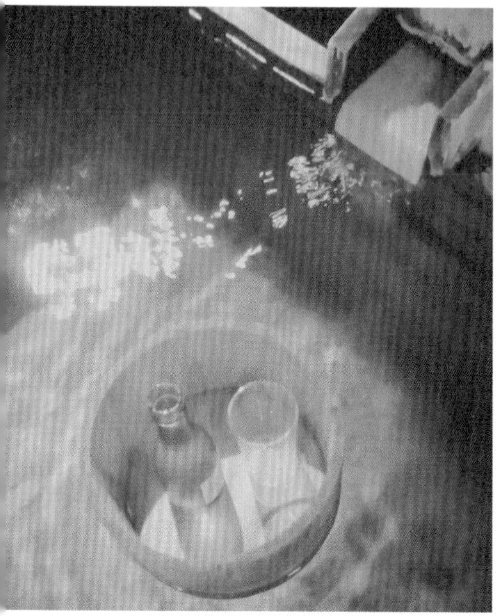

▲ 附設露天浴池的房間。

從前這裡有二十幾間溫泉旅館，現在只剩下七間。活下來的旅館，在長期嚴酷的不景氣中，很多都順應潮流地轉型成更有個性的旅館。岡本社長說：「旅館和街區都在『序曲』的途中。」完成就不有趣了，希望大家下次來的時候能看到新的變化。現在的「劇場旅館・川棚大飯店」也是這樣，從迴廊式庭園伸展出的店面和湯屋，持續讓我們看到一種有機的延展。

有些房型旁邊附設露天浴池，客人不管是進入房間時、入睡前微醺時、早上起床時，熱熱的溫泉水總是注滿了池子。這真是奢侈啊！我一邊讚嘆一邊想著：也許，人們希望有誰對自己的情愛能這樣永遠滿溢著吧！像是不管怎麼花也不會減少的儲蓄，有時對親人的期待也是如此。母親自殺身亡的山頭火，是不是因此才深愛著溫泉呢？

湧溢而出之中，吾沉睡。

——山頭火

在無盡寶藏般湧出的熱烈泉水中伸展我的手腳。

溫泉水裡的手腕和雙腿，像是剛炸好的天婦羅麵衣一樣白。四十年來我總夢想著，哪天能泡在無限湧溢的溫泉裡浮杯飲酒該有多美好，這下終於得償心願了。

隔天早上醒來，滿庭深綠中，日本熊蟬齊聲鳴唱了起來。

**景點位置——**

**妙青寺** 山口県下関市豊浦町大字川棚 5192
**瓦片蕎麥麵「高瀨」川棚本館** 山口県下関市豊浦町大字川棚 5437
**川棚の杜—「科爾托音樂廳」** 山口県下関市豊浦町大字川棚 5180
**Refresh Park 豐浦** 山口県下関市豊浦町大字川棚 2035-9
**劇場旅館 川棚大飯店** 山口県下関市豊浦川棚 4912-1

◀ 豐北的「吉祥物──ほっくん（Hokkun）」。

下關

# 名產豐富的第一名人氣公路休息站

## 道之驛——北浦街道 豐北／角島

我很喜歡「道之驛（道の駅）」。道之驛可以算是高速公路休息站的普通道路版，設有廁所之外，也賣地區特產和食材，有些還附設了餐廳。

在鄉下開車時，每次碰到道之驛總是特別開心，好像有什麼吸引力讓我停下來。附近漁港清晨捕到的漁獲、當地現採的蔬菜、果醬或味噌、火腿或醃漬品，主婦們自己做的「紅豆餅」「艾草餅」、「米菓」，或是活用地方特色的冰淇淋。道之驛的商品每個看起來都閃耀著美味的光芒，是能讓人感受到日本鄉間的豐饒，彷彿擁有魔法的地方。

我聽過一個說法，魔幻的道之驛，其實發祥於山口縣。

山口縣阿東町船方農場的社長曾經說過：「就像鐵路有車站（驛），在公路上有車站不也很好嗎？」，因為他這句話，山口縣內外總共有八個地方開始建設實驗性的設施，據說這就是「道之驛」的發端。現在日本各地的

公路上總共登錄了一千多個道之驛，像我這樣的道之驛迷好像不少，每年各家媒體都會發布全國的道之驛人氣排行榜。

這裡的「道之驛・北浦街道・豐北」也入選道之驛排行榜之一，被「Trip Advisor／『去了真好』的道之驛排行榜」選為二〇一六年的第一名。在一千多個候選名單中，被選為第一名不是簡單的事。我問了驛長藤野亘先生，這裡被選上的理由在哪裡呢？

首先是位置。近幾年觀光地「角島大橋」很有人氣，這邊可以沿著海岸眺望角島大橋風景。而且臨近大海，有很多新鮮漁獲。

◀ ▶「道之驛．北浦街道．豐北」臨近大海，有很多新鮮漁獲。

▶ 道之驛裡販售當地的農產品。

下關市現在重點宣傳的「五大品牌」魚貝類是「河豚、海膽、鯨魚、鮟鱇魚、透抽」，「道之驛．北浦街道．北浦」旁邊的「特牛漁港」，就是捕撈劍尖槍魷魚（透抽的一種）特別有名的漁港。每天早上，領有中盤買賣師執照的職員都會到特牛漁港去採買。早上來這裡的客人，很多是為了「特牛透抽」來的，常常中午以後就賣光了。

在道之驛附設的餐廳裡除了吃特牛透抽以外，用現捕的鮑魚、榮螺、本地捕的魚料捏製的壽司「地魚壽司（五貫四百八十日圓）」也很受歡迎。而且在小商店不多的地區，道之驛也兼做當

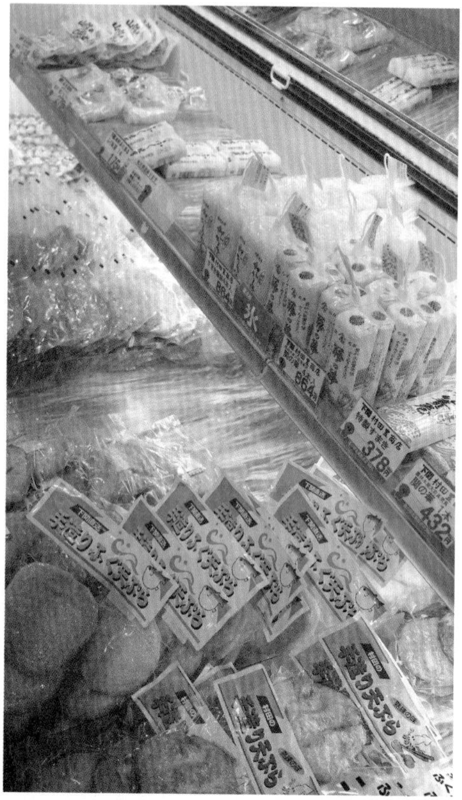


▲ 道之驛也兼做當地居民的超市，像是當地農家直接帶來販售的蔬菜等，品項極多，集結了縣內的一流商品。道之驛的「廁所」乾淨明亮，據說一天大概會打掃個八至九次。

地居民的超市，像是當地農家直接帶來販售的蔬菜等，品項極多，集結了縣內的一流商品。

不過他們最費心注意的是廁所的打掃清潔。以「道之驛」道路休息站的性質來說，客人會到這裡的第一目的就是廁所了。廁所空間的清潔感決定了第一印象，因為考慮到這點，據說這裡每個小時一次，一天大概會打掃八至九次。實際去洗手間一看，剛好工作人員在打掃，飛濺在洗臉台旁把手的水珠，工作人員也仔細地從上到下擦得一乾二淨。

對日本人來說，「廁所」是很特別的空間。小學時，每當掃廁所的時間，有位年紀比較大的女老師一定會再三叮嚀：「好好掃廁所的話，以後就會生出漂亮的小孩喔！」（現在想想很可怕）文豪谷崎潤一郎也在《陰翳禮贊》裡特別強烈的訴說廁所的意義，我知道廁所裡也有「詫び、寂び（＊日本的詫、寂美學）」也是託谷崎先生的福。到目前為止，我拜訪過的日本人的家裡，那些美好的家庭都對廁所特別上心，去新的餐廳或咖啡館時我也一定會檢查一下廁所。

本來應該隱蔽的不潔場所，淨化成清潔的空間，讓他人也可以舒服的心意，這種不懈的努力，也許才是日本人的「款待（おもてなし）」吧！我漫無邊際地思考著。

北浦的天空裡，黑鳶們發出「pyururu」的長嘯聲穿過天際。

「道之驛．北浦街道．豐北」還有一個極為珍貴的特色。旁邊有兩千年以前的「古墳」，也就是「和久一號」古墳，據說是彌生時代（西元前十世紀～西元前三世紀左右）首長等級的古跡。

其實在豐北附近，還有考古學上非常重要的遺跡群「土井之浜遺跡」，是在「土井之浜」海灘附近砂丘發現的遺跡。這個彌生時代修築的墓地遺址，對探討「日本人到底是從哪裡來的？」這個根源性的問題，是很有意義的地方。

通常說到日本人的古代史，有兩個時期。繩文時代和彌生時

▲「道之驛．北浦街道．豐北」入選道之驛排行榜之一，被「Trip Advisor／『去了真好』的道之驛排行榜」選為二〇一六年的第一名。

代，繩文時代從一萬五千年前到西元前三世紀左右，彌生時代從西元前十世紀到西元三世紀左右。看到這裡會發現這兩個時期中間大概有七百年左右是重疊在一起的，不可思議吧？

從前的日本人類學認為體毛較多臉部輪廓較深的繩文人，為了適應環境進化成臉型較長、輪廓較淺、手腳也長的彌生人。但是經過「土井之浜遺跡」三百具以上骨骼的出土調查，有位學者提出繩文人和彌生人的根源與文化是不一樣的。他就是醫學、人類學者，和台灣因緣也很深的金關丈夫博士。

金關丈夫（一八九七～一九八三），一八九七年生於香川縣。畢業於京都帝大醫學部，和日本明治文學代表的森鷗外之子——森於菟在一九三六年起共同掌管台北帝國大學醫學部。戰前記錄台灣習俗，評價極高的《民俗台灣》雜誌，金關也參與了創刊過程。戰後，金關丈夫與民俗學者國分直一（也參加了《民俗台灣》）都被中華民國政府留用，直到一九四九年回日本。其後金關丈夫在九州大學任教。

和金關丈夫交情很好的民俗學大師國分直一，從台灣撤退回日本以後，在山口縣下關市的梅光學院大學教書（關於國分直一氏，詳情留待他度過晚年的山口市那一章再敘。）

金關丈夫從他深深信賴的國分直一那裡聽到山口縣的「土井之浜遺跡」後，多次來到這裡進行大規模的發掘調查。結果直接顛覆了以往的「繩文人↓彌生人演化說」，而指向「彌生人大陸渡來說」的重大發現，到現在，從南北兩方渡海而來的「繩文人」與從中國、朝鮮來的「弥生人」，在日本列島逐漸融合成為現在的「日本人」，已經成為一般常識了。

金關丈夫工作的台北帝大（現國立台灣大學）裡，收藏了許多台灣原住民的人體標本。例如，讓很多台灣人重新注意到原住民文化的《賽德克・巴萊》（二〇一一年）裡，主角的賽德克頭目莫納・魯道也曾是其中之一。一九三四年他的遺體被發現以後，莫納魯道在如同乾屍般的狀態下被收藏，直到一九七三年歸還給霧社的遺族為止。

金關丈夫在山口縣「土井之浜遺跡」的發現，也許正因為他通曉繩文人的根源——南方台灣原住民的相關知識，所以能夠察覺繩文人和彌生人的差異，更進一步說，是在這些因研究之名死後都不能歸鄉入土的屍體上，我們對現代人類學和博物學的認識才得以成立，這是不應遺忘的。

我母親的額頭是四角狹長形，頭髮很會亂翹髮量很多。從

◀ 角島大橋登上了許多房車的廣告和電影，
近年一躍成為全國性的著名觀光地。

前我在看高更的「大溪地之女」系列時，雖然年紀還小，也覺得畫中人物跟自己的媽媽很像，我也完全遺傳到那種頭髮的特徵。

媽媽的故鄉在九州的宮崎縣，本來的故土在更南端的鹿兒島縣。九州鹿兒島，從遠古以來就是和大和王朝不斷對立、融合的「隼人族」的土地。根據現在的民族學研究，隼人族是隨著太平洋黑潮移動的海洋民族「南島語系」的一部分。南島語系是密克羅尼西亞、大溪地和夏威夷、玻里尼西亞、菲律賓和台灣原住民這一系列民族的總稱。

就長相來說我總被說是「彌生系」，但看手臂的毛其實算濃密。和台灣原住民擁有相同根源的繩文人和彌生人混血的我，現在書寫關於山口和台灣的文章。我輕撫著手腕上軟軟的汗毛，想像著祖先由台灣到日本的過程。是獨木舟嗎？還是草船呢？遠遠超越現在我的想像，他們更理解大海，也許乘著黑潮以飛快的速度在海上旅行吧！像是川棚的「大絹斑蝶」般。

從北浦的道之驛，開車往長門，不久就會到角島大橋。這裡登上了許多房車的廣告和電影，近年一躍成為全國性的著名觀光地，知名度很高。我從前做電影工作時也在角島待過一個月以上，是回憶之地。

從本州直直延伸到角島的道路，像是架在記憶深處的橋樑一樣。一把車開上橋，到昨日為止的那些相聚和離別，彷彿陽光落下的海面，亮煌煌的閃著光又消失了。

「角島」的名字由來是因為島的形狀像牛角。從豐北到萩的山口日本海沿岸地區一直與牛的緣份不淺，萩的見島裡現在也還養著的「見島牛」是日本牛的源流，也就是純種的「和牛」。

在奈良時代的平城京都城（一千三百年前左右）遺址，發現了記載著「角島裙帶菜（角島わかめ）」的木簡，角島地區的裙帶菜與牛是呈給天皇的奉獻

品，像前面提到，角島附近還有前述「特牛（こっとい）」這種地名。

到了島的尖端「夢崎」，穿過如同開在白日夢裡的白色文殊蘭，會看到因電影《四日間的奇蹟》而搭布景的教會。電影導演佐佐部清導演是山口縣下關市出身。他的代表作有《半告白》、《阿娜答得了憂鬱症》、《夕嵐之街 櫻之國》等作品，是日本電影界的實力派，在故鄉山口拍的電影也很多。

從文殊蘭移開目光，會看到鳥居和小小的神祠。這是「夢崎明神」，祭祀了明神與龍神。鳥居附近堆著很多小石頭，這裡有

▶ 從本州直直延伸至角島的道路。

種不可思議的緊張感會讓人猶豫到底該不該踏進去。有一說是海女們為了感謝能從海中平安歸來，每次回來後都會堆上一顆小石頭，另外也有一個有趣的說法，可能是古代蘇美人的遺跡。

據國際語學者同時也是佛教學者高楠順次郎（一八六六～一九四五）的說法，中亞天山山脈居住了古代高度文明的蘇美人，在西邊發展了美索不達米亞文明，在東亞方面由朝鮮半島漂流到角

◀ 白色文殊蘭。

島附近以後，穿過瀨戶內海甚至到了京都，因此平家一族是蘇美人的後代啦！或是京都祇園祭的粽子上「蘇民將來子孫也」的「蘇民」其實是蘇美人啦！天皇家、日本人的根源也是蘇美人等等，產生了種種臆測。

神祠島居的對面聳立著夢崎燈塔。角島海面從以前開始就是近海知名的漁場，但週邊佈滿了岩礁和急流，是漁師們害怕的「魔海」，夢崎燈塔則守護了他們的安全。電影《四日間的奇蹟》裡，燈台的夜晚環繞著島與海的光芒，像在呼喚小小的奇蹟。不管蘇美人的真偽如何，揚起遠古的夢想和奇蹟，謎一般的浪漫搖曳在角島的夢崎。

▲「夢崎明神」祭祀了明神與龍神。鳥居附近堆著很多小石頭，這裡有種不可思議的緊張感會讓人猶豫到底該不該踏進去。

◀ ▼ 神祠島居的對面聳立著夢崎燈塔。角島海面從以前開始就是近海知名的漁場，但週邊佈滿了岩礁和急流，是漁師們害怕的「魔海」，夢崎燈塔則守護了他們的安全。

景點位置 ──

**道之驛 北浦街道 豐北** 山口県下関市豊北町大字神田上 314-1
**土井之浜遺跡 / 人類學博物館** 山口県下関市豊北町大字神田上 891
**角島大橋** 山口県下関市豊北町神田 角島

# Chapter 3

# 被大海生養哺餵的絕美之境

長門

長門

仙崎港／金子美鈴／元乃隅稻成神社／東後畑棚田

# 海味、神社、梯田交織的海景旅遊勝地

山口縣由兩個地方組成，一是靠北邊的日本海，古稱「長門」的地方，一是瀨戶內海的「周防」，合稱「防長」。到日本戰國時代（十五～十六世紀末）為止，毛利家在西日本統治了廣大的領土，然而在一分天下的戰事「關原之戰」中節節敗退，勝利者德川家康成立江戶幕府後，毛利家的領地大減，只剩下防長，號為「長州藩」。

長州藩治下的防長地方幸運地擁有日本海與瀨戶內海的豐饒

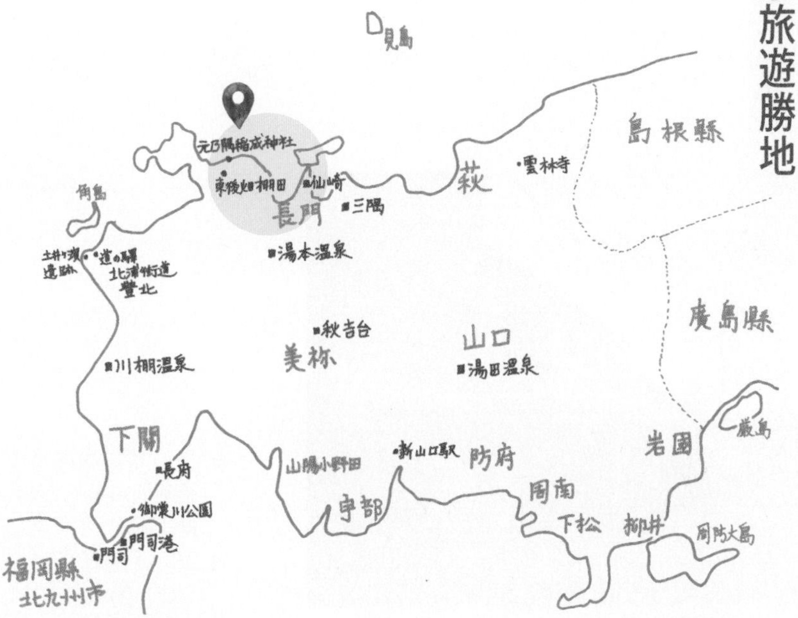

▲ 山口縣內漁獲量很高的仙崎港。（照片提供／長門市）

◀ 通往「金子美鈴紀念館」的小路。

海洋資源，不論是海路或陸路都位居交通要道。海洋的彼端是亞洲大陸，也可以和各國進行秘密貿易，長州藩在日本的近代化過程中發揮了核心功能，理由應該也和地利之便有關吧！這麼說起來，在明治維新大出風頭的薩摩藩（鹿兒島）、長州藩（山口）和坂本龍馬故鄉的土佐藩，都是三面被海洋包圍的藩國。

長門市的仙崎港是山口縣內漁獲量很高的漁港，二次大戰後作為「撤退港」接收了大量的撤退歸國船，還將三十四萬住在日本的台灣和朝鮮人送回本國，這也是僅次於福岡縣博多港的撤退規模。

仙崎港除了透抽、竹莢魚，高級食材的海膽和鮑魚以外，「魚板」特別有名。這裡使用了大量最高級新鮮的「狗母魚」做魚板的原料，質地細緻又有黏度，和甜味紮實的山口日本酒很合。當地好酒通常和當地素材做的下酒菜最合拍。

正如「鯨一頭，七浦喧騰」的說法，以前的鯨魚可說是大海的禮物。捕到鯨魚，就拉上港口旁的「鯨波止」，把魚肉和骨頭解體。魚肉可吃，可賣，就連骨頭都能磨成粉當田裡的肥料，絕對不浪費。這附近製造的鯨魚罐頭從前也輸出到台灣，萩博物館提供的照片裡頭這麼說明：「特別注意新鮮的材料和製造方法，不須擔心腐敗。」，還明確記載了長門的製造店家與台北市和基隆市特約商店的名號。

日本關西地方在節分（立春）時有吃「惠方卷」就是捲壽司的傳統，最近已經漸漸普及擴展為日本全國的節分活動了，在山口縣則有春分吃鯨魚肉的習俗。這裡隱含了一種祈願，如果在一年之初能吸收鯨魚強壯豐盈的生命力，我們的身體也能變強壯。結婚典禮或落成式時，有些地區還會唱鯨魚歌（捕鯨時的歌曲）來祝賀，還有供養被捕獲的鯨魚的鯨墓。在日本沿海地區，捕鯨深刻的紮根在生活裡，也培養了特

▲ 在山口縣製造的鯨魚罐頭，也曾輸出至台灣。（照片提供／萩博物館）

殊的文化，這只要看看山口人生活裡留下的習俗就可略窺一二。

一九七〇年代開始，日本人的捕鯨成為國際間關注的問題。關於捕鯨對生態的影響，日本水產廳的說法是：現在日本捕捉的明克鯨數量很多，只要保持適當的捕獲數量，並不會影響生態，但歐美各國好像無法接受日本的主張。實際上，靠鯨豚漁業維生的和歌山縣太地町，就是美國紀錄片《血色海灣（The Cove）》的舞台，紀錄片徹底批判了日本捕鯨業的殘忍，也獲得了全世界壓倒性的支持。

與這部片擁有不同視點的是，現居紐約的電影導演佐佐木芽生的紀錄片《鯨魚大人 兩個正義的故事》（二〇一七年）。從太地町的人們和海洋保護團體等多樣的角度探討捕鯨問題，這部紀錄片並不只是《血色海灣》那種只由單一視點出發、單純批判「暴力性」就結束的影片。

佐佐木導演在訪談裡這麼說：「人類要進化，要迅速破壞落伍的古老傳統，在這種歐美人的思考方法下，對『動物權利』的意識也在進化。」

「接近人類的動物，鯨魚、海豚，把牠們包含到社會弱勢中，捕鯨問題在歐美是二十一世紀的公民權運動，日本有必要理解這一點。」

「一味重覆著『捕鯨是文化、傳統，並不影響生態系統』的反論，這是思考的停止。」

對日本這樣的嚴厲指責非常重要，無法理解這部分的日本人很多。如果不能理解對方的話，要說出能讓對方接受的反論也很難吧！在這裡，佐佐木導演直視爭論深處潛藏的根本性問題，一語道破核心。

「對美國紀錄片《血色海灣（The Cove）》產生激烈反應的人們裡面，『太地』、『海豚漁業』等單詞被符號化，他們都沒想到那些言語裡有人們的生活，這才是問題所在。」

太地鯨豚漁業周邊的經濟和文化，是居民在數百年裡培養出的自信，也就是他們的自我認同。換言之，現在所有國家都一體承受全球化社會「均質化」（homogeneity）的發展，「太地町」這地方正是象徵日趨衰微的「鄉下（地方）」。奪走太地町自我認同的嚴重性，以及不論贊成或反對都應該思考偏鄉人們的生存意義，提出建言的就是紀錄片《鯨魚大人》。「只有我的想法才是正統正確」，這樣唯我獨尊的主張引起了國際社會間的斷裂與摩擦，或許我們應該更進一步試著從不同立場考慮事情。

長門地方的捕鯨，因為漁獵方法改變，明治末期已廢止，現在也沒有繼續了，但我讀到《鯨魚大人》佐佐木導演的訪談時，想起一首詩。童謠詩人金子美鈴的《鯨法會》。

鯨法會在春天的尾聲，
海上可以捕捉飛魚的時節。
海灘寺廟的鐘聲，
搖曳著度過水面的時候，
村子裡的漁夫披上外套，
急急趕往海濱寺廟的時候，
近海有隻小鯨魚，
聽到寺廟的鐘聲，
想念啊，死去的父親與母親，
悲泣的小鯨魚。
海面上的鐘聲，
會響徹到大海的何處啊！

——《鯨法會》金子美鈴

詩人金子美鈴（一九〇三～一九三〇），長門市仙崎出身，是大正時代末期到昭和初期的童謠詩人。本來是書店老闆的女兒，離開故鄉仙崎後，在不幸的生活中留下了大約五百首詩，二十六歲時自殺身亡。她的存在自戰後長期以來被遺忘了，但一九八〇年遺稿集出版以後得到許多關注，作品也重新被評價。

在仙崎，春天結束時，為捕獲的鯨魚製作墓碑和牌位並舉行

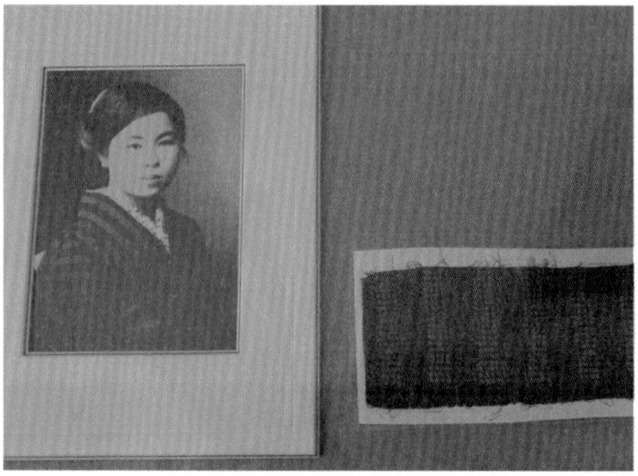

▲ ▶ 美鈴的老家，再現當時書店樣貌的紀念館。

供養法會，就是所謂「鯨回向」，現在一年一度的鯨回向法會也依然持續進行。看著法會的情景，滿懷鯨魚帶來的恩惠和對鄉土的愛意，用擬人化表現倖存在近海的小鯨魚的寂寞，在一百年前的往昔，美鈴已經具備了佐佐木導演訪談裡那種二十一世紀人權問題的眼光（將鯨魚、海豚視為社會的弱者討論的眼光）。而且，對與自己不同立場的人事物寄予同情，這種觀點也是美鈴所有詩篇的共通主題。

她最有名的詩〈我和小鳥和鈴鐺〉，收錄在日本現在許多國小教科書中。小鳥會飛但不能跑、鈴鐺的聲音好聽但不會唱歌，雖然大家都不一樣但各有優點，是肯定所有物種差異的詩歌。

我拜訪了位於仙崎的金子美鈴紀念館。

那邊展示了「我和小鳥和鈴鐺」，除了被翻譯成英文或中文（簡體字／繁體字）、韓文以外，西班牙文、法文、波蘭文、尼泊爾文、印度文等許多語文也有譯本。從尋索多元社會的現代人觀點看來，金子美鈴的詩歌中擁有的豐富性，十分具有現代感。這可能就是美鈴的詩能超越國境被喜愛的理由吧！

話說，被大海生養哺餵的長門，有個世界知名的景點，也就

▶ 放學後在金子美鈴紀念館玩的附近的小孩。

◀ 入選美國CNN「日本最美麗的場所三十一選」的元乃隅稻成神社。

是入選了美國CNN「日本最美麗的場所三十一選」的元乃隅稻成神社。在天氣好的時候，海面的藍好像會往上渲染到天空。從那裡飛出的綠色石岬上，像骨牌般排列著讓人眼睛一亮的紅色鳥居。並立的三座紅色鳥居上，都寫著捐贈者大名。元乃隅稻成神社的由來是稻荷神使者白狐狸託夢宣告欲立神社，地方的漁夫於是建立了這間稻荷神社。據說除了航海安全或豐收大漁以外，不論是戀愛、學問、生意什麼都能保佑。這些鳥居是一九八七年（昭和六十二年）以後十年內奉納的鳥居，我發現在中段附近的鳥居寫著「台北市」，上面是中山區

林先生的名字。到底有什麼因緣讓林先生在這裡捐贈了鳥居呢？我不禁想像了起來。

幻夢般的藍、綠、紅的對比。穿過鳥居走向深藍的大海，就會走到龍宮城吧！果然我的奇思幻想沒有落空，突出在海邊的是被稱為「龍宮之潮吹」的地方。岩場下方有個凹槽，打過來的海浪在那洞裡宛如鯨魚噴水般噴出水來。最高會噴到三十公尺高，就像飛龍升天一般，人們相信這是龍神神威所致，附近農民則認為和祈雨相關。

從元乃隅稻成神社開車往內陸方向走，一下子已經接近日落時分。我的目標是油谷的東後畑梯田（東後畑棚田）。長門地方平地少，細密地沿著丘陵耕作的梯田很多。油谷的梯田也入選「日本梯田百選」，可以同時眺望大海的梯田似乎是很少見的。遠方風力發電的白色翅膀緩緩轉動，白鷺徘徊在田與田中間，梯田上點點星子般佈著「儲水池」，水面倒映著夕陽。我到訪的時候是盛夏，水稻抽長，滿面綠意，但六月初插秧前後剛放水的時候，整片梯田看起來就像是映照天空的鏡子。

大自然雖然很美好，但我最喜歡的是在自然中長期培養出的生活肌理。在長門的景色中，不論大海或梯田裡都有這樣的生活肌理。在日本暮蟬與牛蛙的BGM聲中，天空換上了夜妝，出海的透抽釣船一一地點起了漁火。

▲ 眺望大海的「東後畑棚田」。

**景點位置 ——**

**金子美鈴記念館** 山口県長門市仙崎 1308
**元乃隅稻荷神社** 山口県長門市油谷津黄 498
**東後畑棚田** 山口県長門市 油谷後畑

長門

湯本溫泉／大谷山莊別館．音信

# 最古老、最高級的療癒溫泉

我喜歡河流流經的溫泉街，有自己的故事，規模不太大，流經的河川倘若有浪漫的傳說那就更好。長門的「湯本溫泉」滿足了所有的條件。

大概六百年前（一四二七年室町時代），曹洞宗「大寧寺」的名僧定庵禪師在寺院旁散步時遇到了一位老人家，因為相遇的機緣，老人家開始在定庵禪師處修行，修行圓滿後，為了表達感謝，他讓寺廟的深山處湧出了溫泉。其實老人家是守護航海安全的住吉大明神的化身，這個溫泉被取名為「湯本溫泉」，是山口縣廣為人知的溫泉地代表。

流經溫泉街中心的是「音信川（おとずれがわ）」。據傳「音信」的由來是這樣的，在湯屋工作的湯女（說到這個，就想起宮崎駿導演的『神隱少女』）因為戀情不順，想要把心情寫在紙上，然後從橋上放到河水裡任它飄流。

◀「大谷山莊別邸 · 音信」的大門，負責人大谷義郎。

那樣的傳說和發音都很美，有間旅館也用了「音信－おとずれ」之名，就是我拜訪的「大谷山莊──別邸．音信」旅館。

本館「大谷山莊」創業於一九〇一年（明治三十四年），擁有一百三十五年以上的歷史，是山口縣最古老、層級也最高的旅館。「大谷山莊」是二〇一六年日俄雙邊領袖對談的會場，因為訪日的普丁總統下榻於此，媒體也蜂湧而來，「大谷山莊」一躍而成了知名旅館。

今年邁向第十一年的「別邸．音信」負責人大谷義郎氏說，音信的設計概念是「湯治摩登（湯治：用泡溫泉來治病養生）」。

「長州藩的毛利大人從前也常蒞臨湯本溫泉，以前的武將們為了要治療在戰場受的刀槍之傷，特地到溫泉用熱湯治療，即湯治（とうじ）。到了現代，真正因為動刀掄槍負傷的事情早就消失了，但背負了龐大社會責任和壓力的人們，在日常繁重的工作裡心中受了很多創傷，為人們療傷的旅館就是『音信』了。」負責人大谷義郎氏繼續說明著音信的內涵。

一到旅館，來迎接我的是身著和服的美麗女性。優美的綠意倒映在水面，穿過入口就是旅館建築本體。這空間讓人想起奈良興福寺八角堂的穩重，不惜成本

的使用天然原木，這木頭肌理有一股大方的溫厚感。

和大谷山莊本館一樣，設計別館的是東京的石井設計事務所，他們在日本全國的高級旅館或飯店設計上成績卓然。施工的清水建設，是參加了日光東照宮建設的宮大工（*建設傳統宮殿式建築的工匠）清水喜助在一八〇四年成立的建設公司，戰前的台灣，清水建設採用了日本傳統建築的樣式修建了舊高雄市役所（現在高雄市立歷史博物館）和舊高雄驛舍（高雄車站）等。歌舞伎座和伊勢神宮、京都平安神宮等，清水建設在社寺建築、傳統建築等領域得心應手，也是日本五大建設公司裡唯一擁有自己的木工工廠，清水建設的木工職人技術處處豪奢的展現在「音信」的空間裡。

我先被帶到茶室享用抹茶。在暑熱裡舟車的疲勞全被拂拭了，一喝下美味的抹茶，身體像是融化到「非日常」的地方。

▶「音信」旅館使用天然原木，肌理充滿溫厚感。

◀ 每個房間都備有地底湧出溫泉的露天浴池，不論何時浴池裡都滿湛了溫泉水。

湯本溫泉的泉質好是很出名的。泡到池子裡，像羽毛的熱湯毫無抵抗的輕輕從肌膚滑了下來。除了大浴場，每個房間都備有地底湧出溫泉的露天浴池，不論何時浴池裡都湛滿了溫泉水。溫泉池以外，不管在走廊、房間的床鋪，赤裸的腳底或身體表面會碰觸到的素材，全都經過了周全的設計考量。對了，說到觸感，有個絕不能忘記的東西，就是衛生紙。根本就像金澤的羽二重餅一般柔滑細緻啊！普丁總統用了這衛生紙，會不會想帶一堆回俄國呢？我腦中充滿了奇怪的想像，自己都覺得可笑。

用餐則在館內的「日本料理雲遊」。套餐名是「長門之夏風山色蒼翠欲滴時」。把當季的「長門之風」拿來作為料理的主題。風，是風土之風，風景之風，也是風味之風。

前菜是會讓人精神一振的夏日蓮花的葉盛。把芝麻醬拌上萩無花果、明蝦和長門產的豌豆。本地長門豌豆的脆感，加上芝麻醬和無花果的甜味，像是貼在肌膚上的夏日海風，而五月上市的小小柚子添加了特別的清爽滋味。魚貝類是萩的名產，馬頭魚湯裡的仙崎比目魚頗有嚼勁，還有細細劃上了數十刀彈牙的劍先透抽。在長門沙灘捕獲的當季「瀨付竹筴」、像小嬰兒淡紅的指甲，

▶「日本料理 雲遊」的套餐「長門之夏風 山色蒼翠欲滴時」把當季的「長門之風」拿來作為料理的主題。

一咬下去飽含油脂的甜味不斷衝上。小小的壽司，北浦海苔捲著萩產的紅海膽，這是長門的大海捎來的禮物。

大谷專務特別推薦的是「長萩和牛」。在和牛的根源之地山口有許多美味的和牛品牌，是當地的「長門．萩地區」所生養的。炭火炙烤過以後加上一點醬油麴，一口咬下脂肪較少的和牛肉部位時，高雅的甜味嘩地滲到了舌尖。

日本酒則是岡崎酒造的原創「音信」。從長門更往東走，流經萩市的阿武川上游，有一家釀出「長門峽」名酒的酒藏。梨子的香氣和高雅的和牛很搭。最美好的就是冷盤仙崎榮螺上拌的萩市福賀產「萬願寺辣椒」，稍微焙烤後的芳甜和甘苦裡，好像湧出了什麼。

以荷葉為容器；用萬願寺辣椒、昆布和鰹魚乾引出香味的高湯；加上最後的紅味增湯。這裡雖然使用當地長門的食材，但料理做法完全是京都風。詢問了以後果然如我的猜測。現任大廚武田氏來到長門才第二年，他是京都宇治出身，長年擔任京都祇園旅館的主廚。將素材生命幾乎湧出前一刻就收手的京料理思維，融合了地方的食材。想著這些，我腦海裡浮現了「大內文化」這個詞。

「大內文化」是室町時代（一三三六～一五七三年）統治山口一帶、被歌頌為西日本第一武將——大內氏所帶來的，是以山口為中心的繁榮文化。大內文化模倣了京都的街道，從京都邀來並禮遇以畫聖雪舟為首的文化人。大內氏也著力於和東亞（明、朝鮮、琉球）的貿易，室町中期以後創造了可稱為日本第一的經濟基礎，甚至凌駕了因戰亂而荒廢的京都，被稱為「西京」，混合了京都、周防長門（山口）、亞洲大陸等元素，創造了獨特的文化。

「音信」，可說是在現代重生的大內文化的一脈馨香。事實上，湯本溫泉和大內氏的關聯極深。享有高度文化聲譽的大內義隆遭到謀反，被追殺後一路逃到和大內氏淵源甚深的湧泉之寺大寧寺，最後在這裡自盡，統治山口長達三十一代的大內家就於此斷絕。

現在的湯本溫泉以音信川為中心，大大的改頭換面了。二〇一九年，高級度假集團「星野RESORT」即將加入，和大谷山莊共創嶄新的溫泉街。大谷山莊的第五代老闆是一對兄弟，經營音信的大谷義郎先生是弟弟，哥哥負責籌畫湯本街區的建設。

「湯本這裡的特色是大家感情都很好。」大谷先生笑著告訴

▶「湯本溫泉」的「音信」溫泉旅館。

我。由單一的大型旅館吞下全部的利益，那種所謂大型旅館的時代已經過去了。他希望以泉質超群的外湯為中心，增加河岸可以用餐的川床，以及能放鬆的咖啡店或餐廳，重新奪回活力滿滿的溫泉街。

「我們的目標是進入日本溫泉前十名！」

在大寧寺修業，帶來湯本溫泉的住吉大明神，據說乘龍昇天了。如同開湯的由來，湯本溫泉也是現在日本溫泉界的飛龍。能飛昇得多高呢？拜訪持續變化中的湯本溫泉，真是讓人期待。

◀▲「音信」溫泉旅館的內部一隅。

長門

## 香月泰男美術館
# 故鄉——長門三隅町，香月愛慕地稱之為「我的地球」

日本戰後的洋畫家代表之一——香月泰男（一九一一～一九七四）是山口縣長門市出身。世代都是醫生門第，但自小就沒有父母兄弟，由嚴格的祖父撫養成人。一直感受著無處可去的哀傷和孤獨感的他，為了填補內心空虛選擇了繪畫。在東京美術學校師事藤島武二（也是陳澄波的老師），畢業後回山口擔任美術老師，和妻子結婚後，終於感覺找到自己的託身之所，但過沒多久卻被徵召至滿州，並遭遇了無法預料的命運。

戰爭結束後，等待他的是在西伯利亞一年半的拘留生活，不管是大小便都迅速結凍的零下三十度的酷寒；背著六十公斤的麻袋在結冰六公里的道路上來回兩趟的嚴酷勞動；吃的是煮過的高粱，與馬飼料雜糧同等級，每天配給的只有便當盒蓋的份量，得另外摘野草或捉野鼠來吃；眼前看到的是因為連續過勞和營養

▲ 顧及香月重視自然光的心情，美術館內隨處都有採光窗。

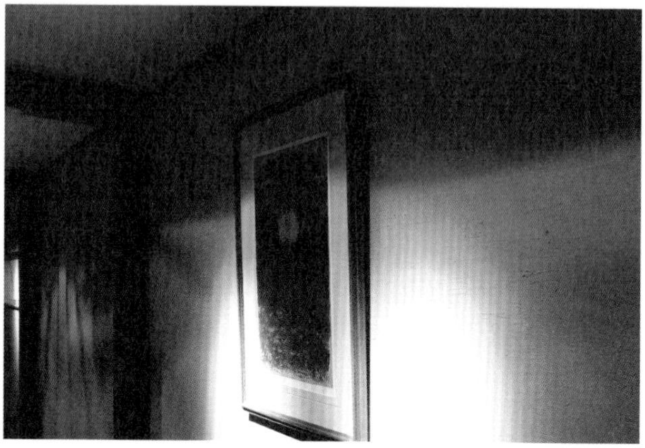

失調死去的夥伴們。這經驗影響了香月泰男的一生，他用各種調性的「黑」來表現。香月泰男的繪畫，製版難度之高非常有名。在現在的攝影和印刷技術下，畫材的厚度、筆觸等細部都能清晰的印出來，但在美術館微暗的照明中，越凝神細目越能看到香月的深層世界，兩者還是大異其趣。

香月的代表作是以西伯利亞拘留為主題的「西伯利亞‧系列」。其中我最喜歡的作品是「青色太陽」。在拘留期匍匐前進的訓練中，他無意間闖入了蟻巢，想著「啊！好希望自己也能變成螞蟻在這蟻巢裡過著和平的生活啊」，這是他變成蟻螞的奇想作

▶ 大谷山莊老闆夫婦也很愛香月泰男。山莊內掛著的是「西伯利亞 ‧ 系列」中「紅色太陽」的版畫。

品。從黑暗的洞穴抬頭往天空一看，慢慢的眼睛習慣了黑暗，連白天都看得到星星了。白晝竟能觀星，那是多麼淒絕的黑暗。浮現著如微小希望一般、像夢一樣的星子。「西伯利亞．系列」是想歸鄉卻回不了，為已逝的夥伴們創造的鎮魂大作。

我去參觀了「香月泰男美術館」，位於香月從西伯利亞回國後度過餘生的長門市三隅町。

代表作「西伯利亞．系列」已捐贈給山口縣立美術館，香月泰男美術館收藏除了戰前的作品和風格不定的戰後十年左右的作品，還有一些輕妙明朗的作品，譬如到歐洲旅行時的素描，或速寫當地的花卉等，可以在這裡和許多種類的香月作品相遇。很多人因為「西伯利亞．系列」的痛苦來到了這間美術館，卻又因香月作品意外的面向而大感驚訝。印象最深刻的是用廢棄物做的玩具。馬戲團或動物的可愛又幽默的表情，每一個都不一樣。香月將平常收集的廢棄物拿出來重新組合，在作畫的休息時間喘口氣玩玩。故鄉——長門三隅町，香月愛慕地稱之為「我的地球」，他動手畫出家中廚房邊花兒隨意開放的庭院。因為知道戰爭真正的淒絕之處，香月也打從心裡愛著身邊的「生活」吧！館長吉祥

▲ 香月泰男美術館。

康文先生，讓我看了香月演出的三多利威士忌的CM。現在美術館內也再現了香月的工作間，在這裡香月從調色盤裡用刮刀刮取顏色，像工匠一樣直接在畫布上塗滿顏色。他一手拿著威士忌笑著，真是爽朗明快有魅力的笑臉。而玩具和清新的旅行素描等，和香月作品的一般形象離得很遠，也許這個美術館展現的才是香月的本色。我再度感覺到，是「戰爭」和「西伯利亞」創造了香月泰男。奇妙的是，去年俄國總統普丁到日本進行雙邊領袖會談時，很多日本和俄國媒體也拜訪了香月美術館，但似乎沒有寫成文章。把鄉土稱為「我的地球」的香月，在九泉之下不知做何感想。

香月泰男美術館的設計，是由香月的建築師兒子，兄弟檔的

「香月設計所」設計的。顧及香月重視自然光的心情，美術館內隨處都有採光窗，館內充滿了安適的光線。中庭裡用廢棄物模仿鐵皮玩具而作成的玩偶們圍繞著「聖胡安之樹」，香月稱為「聖胡安之樹」的長角豆樹已經林蔭森森。忘不了在西伯利亞飢饉中吃過的豆子的美味，香月從西伯利亞回日本時偷偷帶種子回家，種在自家庭院，這棵樹算是當時果實的下一代。因為香月說在西伯利亞吃的豆子真是人間美味，全家人都期待著豆子的收成，可是豆子結實以後，大家卻因為豆子太過難吃而嚇到了。

▲▶ 香月泰男美術館中庭內用廢棄物模仿鐵皮玩具作成的玩偶和聖胡安之樹。

**景點位置 ——**

**大谷山莊別館 音信** 山口県長門市深川湯本 2208
**香月泰男美術館** 山口県長門市三隅中 226

# Chapter 4

# 保留江戶時代街區的風貌

萩

萩

# 遊覽水都萩人生活樣貌的水上小旅行

## 萩八景遊覽船／萩城下町／萩博物館

水都、萩。

在背對指月山、離萩城址極近的遊船渡船頭，我坐上了小船。

船老大是森本先生。

「好的，那麼我們出發了！」森本先生清朗的招呼一下，小船就悠緩地離了岸。左邊仰望指月山，再遠處就是遼闊的日本海。小舟溯行橋本川，也就是發源於山口縣中央的阿武川的支流。左手邊是武家宅邸的白土牆，像貼了紙膠帶般隔開了河與建物。靠近萩城這區是長

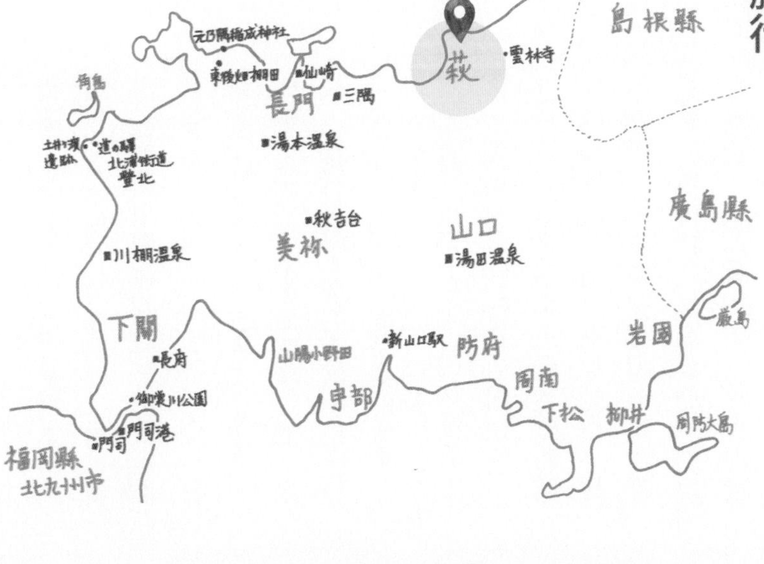

▲ 武家宅邸的白土牆，像貼了紙膠帶般隔開了河與建物。

州藩上級武士住的地方。橋本川，和包圍左手邊三角洲的松本川，被這兩條河川圍住的三角地帶延伸的就是「萩城下町」，二〇一五年被正式登錄為「世界文化遺產．明治日本的產業革命遺產」的一部分。也就是說，萩的街區，正屬於「河川型Y字路」間繁榮的水都。

說到出生在水都萩城的人物，首先一定會提到吉田松陰，他培育了許多活躍於明治維新時代的年輕人，還有高杉晉作、桂小五郎、伊藤博文、山縣有朋等推動日本現代化的名人們。到現在為止，山口縣出了八位總理大臣，其中四位，就是喝著萩城的

▼ 被兩條河川圍住的三角地帶延伸的就是水都萩城。

水長大的。

戰國時代，西日本再加上九州的一部分，總共坐擁十個藩國的毛利氏是日本最強大的武將，可是他在一統天下的戰役「關之原之戰」一落敗，領土被沒收，江戶時代毛利氏只是領有周防和長門兩藩國的「長州藩（萩藩）」藩主。

藩主毛利輝元，一開始希望能在交通方便且臨近瀨戶內海的防府築城，但江戶幕府不許可，第二志願山口市也被駁回。最終批准的築城地點是這裡，長門國的萩。德川江戶幕府只承認萩作為長州藩的都城，表面上是因為萩是背山的三角都城，這種地勢適合作為守城的要塞，但真正的理由其實是把長州藩的都城放在遠離江戸城的不便之地，疏遠毛利氏，弱化他的影響力，這種「關禁閉」的說法更有道理。實際上，聽說關原之戰時，毛利氏和德川家私下做了不減少領地的交易，但結果說好的密謀被幕戸無視，長州藩的領地也被沒收了。這樣的切骨之恨成為一種原動力，最終導致了江戸末期的倒幕運動，如果以這種觀點來看，至少在情感上就很容易理解為什麼偏處於本州一角的長州藩非推翻江戸幕府不可了。

另一個說法是「山口縣的海岸線太長」。從對歐美列強開炮卻被打到體無完膚的「下關戰爭」開始，長州藩就意識到三面臨海的地形容易暴露在外國的威脅下。對江戸幕府的不滿，加上害怕外國攻打進來的危機感，在在都讓長州人義無反顧地加入維新的行列，這也很能理解。

說起倒幕運動，台灣的蔡英文總統在自傳裡曾經說過，她自己思考政治的方式深深受到長州藩和薩摩藩（鹿兒島）所締結的薩長同盟及之後的明治維新的影響，知道這件事的人並不多。其實在就任總統前的赴日旅行時，蒞臨山口縣的蔡總統首先巡訪了明治維新相關的歷史遺跡，再到東京向安倍晉三首相致意（順道一提，安倍首相的老家也是山口縣）。

位於日本海邊的小小漁村，萩的人們在江戶以前是過著什麼樣的生活呢？我詢問了萩博物館的清水滿幸館長，但很遺憾的是江戶以前的資料幾乎都沒留下來。

溼地地帶的三角洲，大部分的土地是竹林、松原和沼澤地，河川經常泛濫，開發因此很不容易。位於標高兩公尺左右的低溼地帶，萩城下町的都市計劃可說是「為了和水好好相處的都市計劃」。

因為從江戶時期到現在，萩的街道沒發生過太大變化，現在我們仍能手持江戶晚期的古地圖在路上散步。從前在街道各處下的苦心，對後世在維持都城面貌上起了很大幫助。例如，水災時的淹水，導流到各處修築了「遊水地」的貯水池，平常就作為田地或蓮池使用。一九七五年阿武川上游蓋好了水庫，河川不再泛濫，那些遊水池就填平重建為學校或公所、美術館等，免去了因為開發所引起的老街區破壞。而且，鐵道的建設也延著三角洲周邊繞了一圈，沒發生過鐵軌路線引起的街區分裂。

明治以後推廣特產夏蜜柑的栽培也有助於街景保存。維新後，武士階級消失了，為了救濟生活困頓的武士家，推出獎助武士在自家種植夏蜜柑的政策。當時五

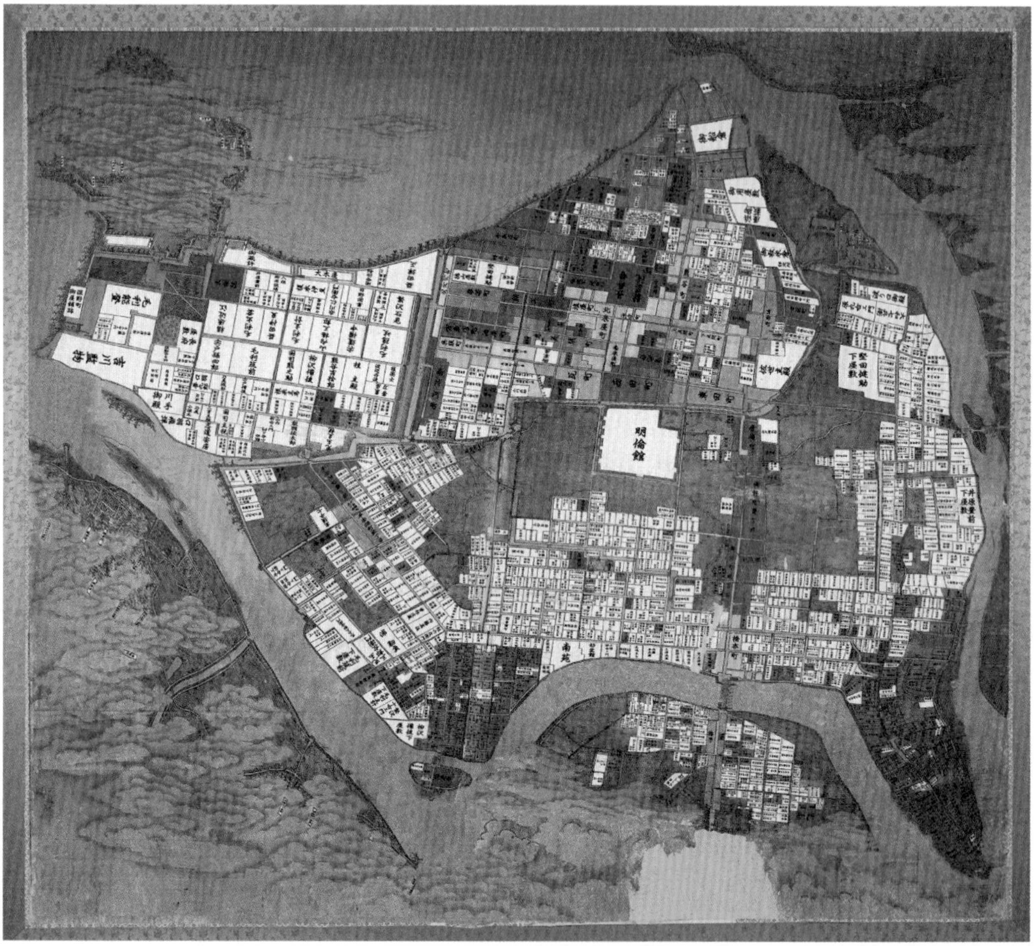


▲ 現在我們仍能手持江戶晚期古地圖在萩的街道散步。（照片提供／萩博物館）

個夏蜜柑就能換一升米，夏蜜柑是高級水果，甚至有這種說法：「有三棵橘樹的話，就能讓小孩升學了」。在自家庭園種夏蜜柑，牆壁還可以發揮防海風的功能，於是武家宅邸連白牆都維持了原狀。萩沒遇到太恐怖的天災人禍，也幸運的躲過了太平洋戰爭的空襲，都是現在還能保留江戶時代街區風貌的主因。

萩的街道真的很狹窄，開車時常會遇到對向車道來車，不由自主感到焦燥。大概就是因為這樣吧，當地人開的車大部分是輕巧好迴轉的小型車。

「我覺得萩的居民真的在萩的市街住得很好呢！」清水館長這麼說。

作為有歷史的城鎮，這種自負比山口的其他地方更強，珍惜身邊街道的心意也很深。居住在江戶時期的城鎮裡，就是現代萩人的日常生活。那是各方面努力的累積加上某種幸運所幻化的時光膠囊。

從前萩的夏蜜柑經由大阪商船的台灣航線運到台灣的紀錄還保存著，從門司出發的船載著夏蜜柑到台灣，回程就裝載上台灣香蕉，也就是「夏蜜柑、香蕉」航線。夏蜜柑原本是漂流到長門市青海島的原種，廣為種植後卻變成萩的特產品，我特別喜歡在萩博物館附設餐廳吃到的「夏蜜柑冰淇淋」。這裡的夏蜜柑冰淇淋最特別的就是把夏蜜柑的果醬融入冰淇淋裡了。一九九六年開館的萩博物館，目標是成為老少咸宜容易親近的博物館，除了歷史資料能讓人感受這塊土地的來時路，博物館的展示能讓人接觸到萩的多樣性而大受好評。尤其是夏季的特別展，是小孩和我每年夏天都很期待的活動。

遊覽船會繞到萩八景名勝裡的三處名所，我在盛夏如陣雨般的百蟬齊鳴聲中經過橋本川。若是不同季節，秋天的面影山會換上一片楓紅的景色，春天則是賞

▲ 萩博物館。

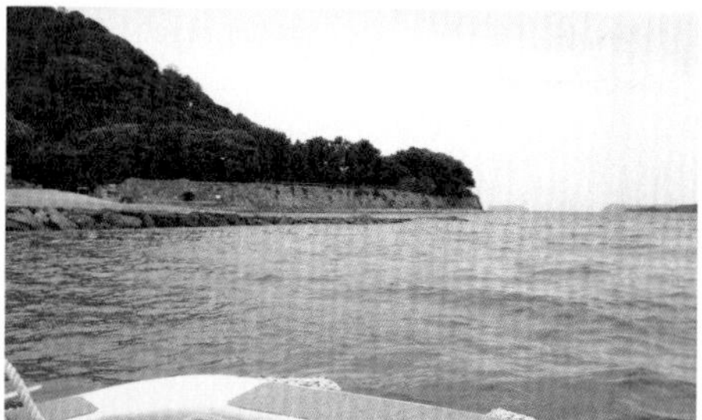

▲ 經過指月小橋的遊覽船屋
頂幾乎碰到橋底。
▶ 東洋最小的火山「笠山」。

櫻的春之遊覽船行程特別受歡迎。轉個彎以後，往下游走，通過搭船處往海邊前進。經過指月小橋，遊覽船屋頂幾乎要碰到橋底，坐著的乘客都必須低下頭蹲著，往上看船頂緩緩擦過橋的樣子有點驚悚，也很有趣。乘客除了我以外還有一位初老的男性，我們一起壓低姿勢幫小船穿過橋底，因此生出了一種奇妙的夥伴意識，也對到眼了。「真是有趣呢！」，我這麼向他搭話，他瞇著眼回答：「島根松江護城河的遊覽船也是一樣的呢！」這位先生是在進行全國遊覽船巡迴旅行嗎？

船老大森本先生說，吹北風時浪頭也會比較大，浪衝過來的時候遊覽船會顛簸。

從北方來的風會吹過來啊！

最後我們出了海，視野一下開展了，眼前看得到笠山，像它的名字一樣，完全就是斗笠的形狀，也被稱為「東洋最小的火山」。

坐在船的前端面向笠山，彷彿是朝向鬼島前進的桃太郎一樣，充滿激昂的鬥志。從這邊再轉彎一次，大家再一起同心合力穿過橋下回到渡船頭。眺望水都萩市的四十分鐘水上小旅行，就在這裡結束。

**景點位置 ──**

**萩八景遊覧船** 山口県萩市堀内 83-8（三月～十一月）

**萩博物館** 山口県萩市堀内 355

◀ 擁有四百年傳統的山口縣萩燒。日本茶道重視「侘寂」的美學意識，日本陶器都傾向於枯澀之意。

萩

## 萩燒／城山窯／浦上記念館／大屋窯

# 四百年傳統的紅土萩燒茶陶

關於日本茶碗有個說法，「一樂、二萩、三唐津」。說的是日本茶道的茶會中，位居主角地位的茶碗，評價產地的順位。第一名是京都樂燒、第三名是佐賀縣的唐津燒，而第二名就是擁有四百年傳統的山口縣萩燒。因為日本茶道傳統上重視「侘寂」的美學意識，不管是哪裡的陶器都更傾向於枯澀之意而少了華麗表現，台灣出身的企業家，也是名作家的邱永漢曾說日本茶道是「有錢人裝乞丐」。雖然說得很好，但從前為了盛名的「茶碗」，武將們曾經賭上領地發動戰爭過。如果能拿到好的陶器獻給將軍，就有可能因此獲封領土提升地位，武家社會中「陶器文化」發揮了「貨幣」的功能。在這個意義上，所謂日本茶道的機制正是為了維持武家社會價值秩序的系統。

萩燒的起源，是長州藩統率毛利輝元從朝鮮帶回陶工李氏兄弟開始的，也是茶聖千利休鍾愛的，是朝鮮半島傳來的「高麗茶

碗」一脈。長期以來，萩燒作為長州藩內的御用窯（官窯），製作給藩主或獻給將軍用於茶席的陶器「茶陶」。明治時期失去長州藩庇護後，才出現創作日常器具或雕刻作品來繼續支撐萩燒的窯場或作家。

就在萩城城址的旁邊，我拜訪了城山窯的金子信彥先生。金子先生是全日本知名的萩燒作家，也在東京的三越百貨開過個展，作陶五十年。城山窯是讓萩燒從封閉的御用窯轉型為觀光客都能親近的民間窯窯場。

萩燒是一種很有特色的陶器，以山口縣內採集的紅土為底，加上白色釉藥。白色肌理上覆著

▶ 萩燒作家的金子信彥先生。

輕盈的紅土風味。城山窯以陶藝家金子先生為首，加上嚮往父親工作而踏上作陶之路的兩位公子（兩位公子是那種說他們是傑尼斯也不奇怪的帥哥），這裡從器物到風鈴等室內小物、陶器裝置藝術等展示品以外，也提供觀光客陶作體驗。

明治時期以後，失去長州藩的庇護，萩燒的前途十分艱難。當時開拓嶄新的萩燒境界，再度為萩燒帶來榮景的是十二代坂倉新兵衛和被認定為人間國寶（無形文化財）的十、十一代的兩位三輪休雪。能賞鑑這些國寶級作家名品的就是一九九六年開館的「山口縣立萩美術館・浦上紀念

▲「火」超越了人類的想法也加入創作，這正是「燒陶」的樂趣所在。

館」。設計是由代表日本的建築師——被尊稱為「世界的丹下」的丹下健三，他還設計了台灣八里的「台北聖心女子大學」和信義區「台北統一大樓」。這裡以當地出身的企業家浦上敏明所蒐集的東洋陶磁和浮世繪為主，也收藏和展示了山口縣陶藝作家的萩燒等相關作品。

對萩燒印象最深刻的就是我感受到「土」之為物。「土」透過處理人們的念想，會變形為器物或前衛作品，「火」則超越了人類的想法也加入創作，這正是「燒陶」的樂趣所在。在萩燒中經常使用帶著紅色的土壤，在白色釉藥下漸漸染上櫻色。人間國寶・十一代三輪休雪（壽雪）創作的茶碗「鬼萩」，蛋白霜般豐實的白色釉藥，龜裂的罅縫中露出了帶紅色的泥土質地。十二代三輪休雪（龍作）的作品「卑弥呼系列」中，泥土甚至塑形成女性性器官。在浦上紀念館這裡，借用了陶器的形式，展現山口「土」的種種形貌。

說到萩燒，有一個我絕對不想告訴別人的好地方。那是在離萩城下町稍微有點距離的「椿」這個地方的「大屋窯」。這是國際知名的陶藝家濱中月村（はまなかげっそん）先生的工房，除了月村先生的作品，同樣是陶藝家的兒子濱中史朗先生、珠寶設

▲ 山口縣立萩美術館．浦上紀念館。

計師的女兒濱中孝子小姐的作品也能在這裡購買。

月村先生出生於大阪府岸和田市。母親老家在萩，高中時期開始在萩生活，二十四歲獨立創業時，在萩市區裡找房子找了很久，最後相中這裡開了工房。我一直知道月村先生的名字，差不多十年前，我在東京元麻布的藝廊看到了公子史朗先生的磁器作品，一見鍾情買下了一個大缽。包覆了無光澤的硬質黑白釉藥，禁慾式的充滿張力的樣貌，彷彿瞬間改變了周圍的空氣。和滿溢生命力的父親月村先生幾乎可說是恰恰相反的表現方向，讓人不禁想著真是一對有趣的父子啊！

不過來到「大屋窯」才真正明白其中創作的奧秘。二〇一七年迎接五十週年的「大屋窯」工房裡，種了五棵大銀杏樹。多年來和「大屋窯」一起成長。「大屋窯」建在靠山的寬闊斜面土地上，增建了住家、工房和藝廊，在這邊的風景裡能感受到生活之趣和美學意識共存的魅力，讓人忘記時間的流逝。

工房下流經的小川是「筆染川」。據說平安時代附近有一座稱為和泉寺的寺廟，有名的歌人和泉式部從京都到萩短暫停留時，作詩為文後在這條河裡洗筆，還留下這首詩：「若到阿武松原望，指月山頭月應見。」

▲ 2017 年迎接 50 週年的「大屋窯」工房裡，種了五棵大銀杏樹。
▶ 「大屋窯」的陶藝作品。

因為沒有足堪佐證的相關資料，不能確定這首詩的真偽，但實際接觸大屋窯這裡的自然與人類共築的美，或許會感覺到真有其事也說不定。

◀在「大屋窯」能感受到生活之趣與自然美學。

▼「大屋窯」工房。

**景點位置 ——**

**城山窯（千春楽城山）** 山口県萩市堀内 37-1
**山口県立萩美術館・浦上記念館** 山口県萩市平安古 586-1
**大屋窯** 山口県萩市椿 905

松下村塾發祥之所

▶「松下私塾」培育許多長州藩士。

萩

## 細數與台灣有因緣的萩市歷史人物

### 吉田松陰／高杉晉作／楫取道明

對萩人來說，有位人物可說是心底的支柱。那就是在「松下村塾」培育了許多活躍於江戶晚期到明治時期的長州藩士的吉田松陰。噢！太危險了，在萩人前面務必小心，千萬記得在「他」的名字後面加上老師，要敬稱為「吉田松陰老師」或是「松陰老師」。松陰老師就是集萩人敬愛於一身的偉大人物。順道一提，同樣是出生在萩市，組織奇兵隊將長州藩推向倒幕的志士高杉晉作，他的人氣僅次於松陰先生。大家會稱吉田松陰老師，高杉的話，則會帶著幾分親暱叫他「晉作君」。松陰「老師」與晉作「君」。從敬稱的差別就知道松陰老師對萩人來說是多麼特別的存在了。

吉田松陰，一八三〇年出生，是萩市長州藩下級武士之子。他在叔叔玉木文之進開的「松下村塾」讀書，據說是那種一手拿著書一邊幫忙田裡工作的愛讀書小孩。二十幾歲遊學九州、東北等地時，因為看到西方來的船隻，引起了對外國的興趣，後來企圖坐上外國船偷渡，失敗被逮捕入獄。被送回萩以後再度被軟禁，軟禁令解除後，松陰接下叔父的松下村塾，用新思想教育下一代。松下村塾出了許多頭角崢嶸的人物，以倒幕運動的中心人物久坂玄瑞為始，還有高杉晉作、後來當上總理大臣的伊藤博文、山縣有朋等，但在德川幕府「安政大獄」的彈壓事件中，吉田松陰被處刑，得年二十九歲。城下町延展出的三角洲外側，椿東的吉田松陰老家這邊，現在已經是祭祀吉田松陰的「松陰神社」，松陰被軟禁時的房間保留了原樣並對外公開。

吉田松陰的思想受到清朝

思想家魏源「師夷長技以制夷」的強烈影響，加上他目睹了歐美列強支配殖民地，也認為日本應該前進亞洲，在他的著作《幽囚錄》裡有一篇文章提到北海道開拓、主張朝鮮從屬、占領琉球（沖繩）、滿州、台灣、菲律賓。如果考慮到明治政府中很多松下村塾出身者的事實，在甲午戰爭中得到勝利的日本之所以會向清廷提出割讓台灣的要求，或許可以追溯到吉田松陰的思想影響。

即使如此，觀看的立場和角度不同，行為的意義也會改變。吉田松陰的評價，現在也出現了許多分岐。我小學時在教科書上學到聖人君子般教育者的那種既定形象，現在已經被翻轉了，「吉田松陰其實是個脫離常軌的狂人」，從這種觀點來看吉田老師的書籍越來越多。尊崇吉田松陰的萩人好像也理解了這樣的事實，為我導覽的萩市觀光協會的歷史導遊平野小姐，提到松陰老師時就先發制人這麼介紹。

「在現代的話不就是恐怖分子嗎？我們知道有人這麼說啦！」

確實，如果相信是為了國家就馬上付諸實踐，一再偷渡和實踐恐佈計劃的吉田松陰是相當於基本教義派的人種，要這樣看待他也是可能的。實際上松陰老師也說過「若要護持思想，非得瘋狂不可」，

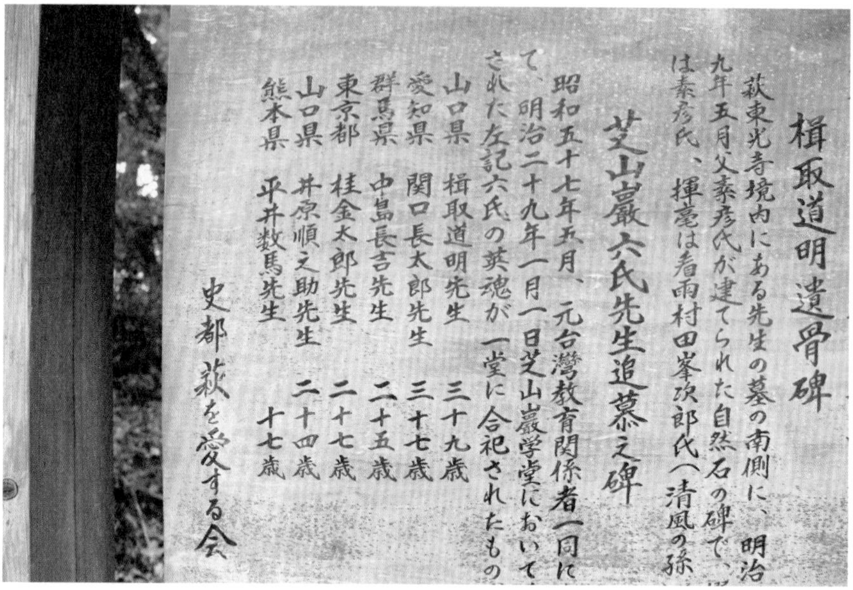
楫取道明遺骨碑
萩東光寺境内にある先生の墓の南側に、明治
九年五月、父素彦氏が建てられた自然石の碑で、
は素彦氏、揮毫は看雨村田峯次郎氏（清風の孫
芝山巖六氏先生追慕之碑
昭和五十七年五月、元台灣教育関係者一同に
て、明治二十九年一月一日芝山巖学堂におい
された左記六氏の英魂が一堂に合祀されたもの
山口県　楫取道明先生　三十九歳
愛知県　関口長太郎先生　三十七歳
群馬県　中島長吉先生　二十五歳
東京都　桂金太郎先生　二十七歳
山口県　井原順之助先生　二十四歳
熊本県　平井数馬先生　十七歳
史都萩を愛する会

吉田松陰當時已經自覺到若不抱有逸出常軌的熱情，根本無法革命。

之後也有幾位人士好像為我打預防針，從他們的口中聽到好多次「恐佈份子」，但他們的言外之意其實是「就算這樣，我們對松陰老師的感情也不會改變」的不屈愛意。在幕府晚期，毛利氏突然將藩都從萩遷到山口（現在的山口市），活躍於明治新政府的人們也去了東京就未回到故鄉。明治以後，對新政府感到不滿的武士階層發動了「萩之亂」叛變，萩地的人們對明治長州派閥的心情是很微妙的。那種複雜的心緒轉變成對早逝的松陰老師的強烈敬慕，可能也因為如此，

▶ 在萩「東光寺」的六氏先生紀念碑。

敬愛松陰老師的心情才一直保存在萩人的心中。

說到松陰老師，二〇一五年的大河劇「花燃」，主人公是吉田松陰的小妹「文（ふみ）」。文有一位叫做「壽（ひさ）」的姊姊，和壽結婚的楫取素彥，在吉田松陰入獄後接著在松下村塾負責教育工作，明治時期楫取當上群馬縣縣令，獎勵傳統的養蠶、製絲產業，重視教育，對群馬縣政有很大貢獻。

楫取素彥與壽結婚生下的次男，叫做楫取道明。

楫取道明在一八九五年渡海來台，他在芝山巖學堂（現在台北士林國小前身）教導附近的孩童。那是台灣剛從清朝割讓給日本的時代，台灣各地的抗日活動相當激烈，但楫取等人認為若要統治台灣，應該要優先重視教育，在這樣的想法下成立了芝山巖學堂，這是台灣第一個日語教育機構。流言四起的當時，有人傳言「殺日本人就能拿獎金」，在日趨惡化的治安狀態下，一八九六年楫取道明和其他六位日本人，被抗日派人士襲擊殺害了，其中也包括另一位山口縣出身二十三歲的井原順之助。七個人的遺骨被安葬在芝山巖，後稱「六氏先生」（七位之中有一位是事務員，有六位教師。「先生」在日語中有「老師」、「教師」的意思），

◀（左頁上）六氏先生的紀念碑。
（左頁下）毛利家的菩提寺「東光寺」。

建立了墓碑。他們賭上性命從事教育的精神被稱頌為「芝山巖精神」，成為日本時代台灣教育界的典範，芝山巖也是知名的教育聖地。

二戰結束後，情勢一轉。台灣在國民黨政權統治下，「六氏先生」被操作為侵略者的手下。這回，襲擊六氏先生的抗日派反而被稱頌為「抗日義士」加以讚揚，也建了石碑。直到二〇〇〇年陳水扁當上總統，訴說此處的歷史遺跡被重建以前，日本時代留下的六氏先生記念碑長時間被棄之不顧。但是即使在重建以後，有一部分對此不滿的激進份子依然不斷在上面塗鴉或持續破壞石碑。

在教育現場殉職的楫取道明和著名教育者——他的伯父吉田松陰，有血緣的這兩位「先生」，在日本和台灣兩地，因為看待歷史的觀點不同，受到了兩種完全相反的評價，只能說是奇妙的偶然。

楫取道明的故鄉萩市也在毛利家的菩提寺「東光寺」（家墓）靜靜地建造了楫取道明的墓和「六氏先生」的石碑。二〇一六年是楫取道明去世一百二十週年，萩市市長拜訪了台北市士林區，交換了「友好交流協力」的備忘錄。希望兩個地區能持續開展各方面的交流。

◀ 吉田松陰誕生地是可以展望萩的城下町的高台。

萩

## 賀田金三郎／佐久間左馬太

# 推動台灣企業發展的先驅

楫取道明的墓地所在「東光寺」附近的半山腰，是吉田松陰出生成長的地方。我們開車前往東光寺途中，經過那座山的時候，導遊平野小姐介紹「這是松陰老師的誕生地，到十九歲左右他都住在這裡」，啊！原來如此，「欲論人世，先觀地理」，也就是說要評論人類社會，重要的是先研究地理和其中的生活，真有道理，松陰老師成長的地方是可以展望萩的城下町的高台啊！我心裡懷著這樣的感慨經過了這裡。這時車子裡的空氣一瞬間都變了，平野小姐低聲說：「台灣人對松陰老師沒什麼興趣吧？」我心裡焦急起來了，完了，太隨便對待松陰老師的誕生地惹惱了萩的人！

導遊平野小姐實在非常熱心，在我們走訪出生於萩市且和台灣有因緣的人物墓地時，因為寺裡的住持不在，平野小姐仔細地逐一確認墓碑，汗水像瀑布般流下的酷暑裡，多虧了她跟我一起尋訪，真的很感謝。

和平野小姐一起在寺院林立的古萩町拜訪了「海潮寺」。生於萩市的企業家，被稱為「台灣東部開發之父」的賀田金三郎就長眠於此。

賀田金三郎生於一八五六年，萩市米穀仲介商的家庭。

二十八歲到東京，進到大倉喜八郎的「大倉組」，大倉喜八郎就是創立了大倉飯店的大倉財閥創始者。甲午戰爭後，賀田身為大倉組負責人到台灣，身為日本陸軍和台灣總督府的御用商人，他一手擔起龐大的工作，從軍需用品到食品、建材的運送和建築，受到同樣是山口出身的兒玉源太郎的深深信賴。

一八九七年賀田金三郎成立了臺北電燈會社（建昌街一丁目——現在貴德街）就任理事。他也參與了台北米穀市場、台灣日日新報、台灣製冰會社等公司行號的創立，一八九九年成立了賀田組，召集股東設立了台灣銀行，作為民間企業，賀田組是台灣銀行的最大股東。一九〇一年台灣神社創建時，賀田代表民間出席了鎮座祭典，也捐了很多錢給許多社會企業如台北曹洞宗別院（位於台北仁愛路的東和禪寺）、圓山臨濟寺山門、兒玉後藤紀念館（今台博館）等等。一九二〇年，賀田和基隆顏家（一青妙・窈姐妹的父系家族）、板橋林家等成立了臺陽礦業株式

▶ 賀田金三郎長眠於古萩町「海潮寺」。

會社，就任社長，創造了顏家的黃金時代——「臺陽時代」。說起賀田的成績，可以說他是日本統治初期最具代表性的企業家之一，可惜賀田的名字在現在的台灣和日本都鮮為人知。

賀田金三郎的成績，特別應該提起的是他致力台灣東部的開拓。說起台灣的日本移民村，花蓮的吉野村相當有名，但在國營吉野村以前已經開墾了台灣第一個民間的日本人移民村，就是現在花蓮縣壽豐鄉和平村、志學村一帶的「賀田村」。賀田村開村於一九〇六年，賀田金三郎在花蓮建設了單軌列車鐵路、製糖工廠和加工樟腦的工廠，現在花蓮壽豐鄉和平村吳全還留下讚美賀田金三郎開拓功績的「開拓紀念碑」。在花蓮太魯閣族的土地上原住民有出草獵人頭的風俗，罹患瘧疾的人又多，賀田也失去了很多員工，為開拓事業嘗盡辛苦。

台灣東部是棒球很興盛的地區，在日本的棒球隊大展身手的陽岱鋼也是台東出身的阿美族。過去也有許多阿美族人成為有名的棒球選手，要追溯的話，可以說到一九二一年在花蓮組成的「能高團」。

能高團是台灣第一個由阿美族少年組成的原住民隊伍，一九二五年遠征日本，和早稻田中學等超強學校對戰的佳績讓

◀（左頁上）「賀田村」是台灣第一個日本人移民村。（照片提供／萩博物館）
（左頁下）賀田金三郎。（照片提供／萩博物館）

投手伊藤次郎（羅道厚）、伊藤正雄（羅沙威）、稻田照夫（阿仙）、西村嘉照（紀薩）等到京都平安中學（現在的龍谷大學附屬平安高校）就讀，因棒球的好成績留學日本，還進軍了甲子園。能高團讓人想起魏德聖導演的台灣電影《KANO》，但能高團的故事鮮為人知，據說賀田金三郎在台灣的時候也持續捐款給「能高團」。同樣是魏德聖導演的電影，像是以霧社事件為主題的「賽德克．巴萊」，裡面所呈現的日本時代就是現代化文明和傳統生活文化不斷激烈衝突與融合的時代吧！

除了兒玉源太郎，還有一位同鄉的台灣總督也對賀田金三郎寄予深厚信賴。他就是第五任台灣總督「佐久間左馬太」。佐久間出身山口縣萩市，身為幕末的長州藩士，卓有功績。明治以後，在牡丹社事件（台灣出兵）中他以陸軍中尉的身份從軍。所謂牡丹社事件，是在台灣東部，發生了從琉球（現在的沖繩）漂流而來的五十四名漁民被排灣族獵首的事件，日本出兵征伐原住民。在事件的後續處理上，因為清廷迴避責任，結果原本不屬於清廷或日本，歸屬未定的琉球就此成為國際承認的日本領土了。

現在說到沖繩，腦中浮起的是碧海藍天和悠閒的沖繩民謠，但

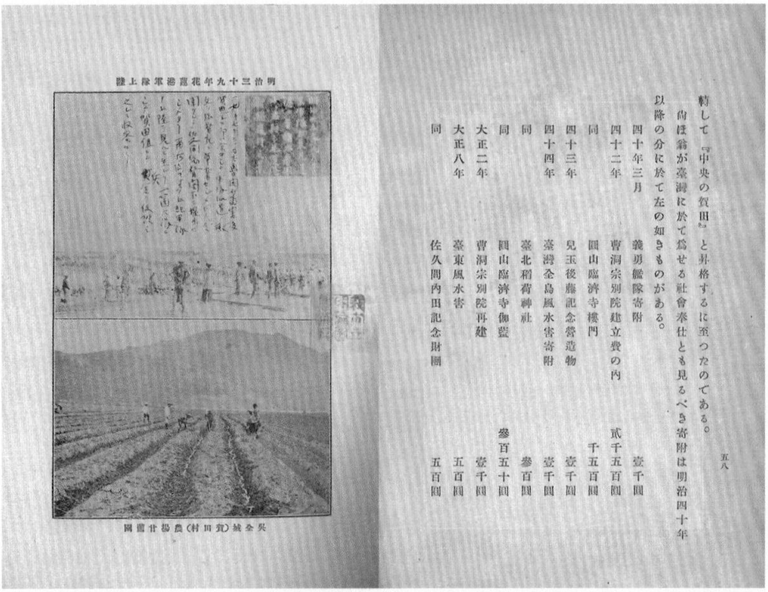

明治三十九年花蓮港軍隊上陸

吳全城(賀田村)農場甘蔗圖

五八

轉して『中央の賀田』と昇格するに至つたのである。

尙ほ翁が臺灣に於て爲せる社會奉仕とも見るべき寄附は明治四十年以降の分に於て左の如きものがある。

| | | |
|---|---|---|
| 四十年三月 | 義勇艦隊寄附 | 壹千圓 |
| 四十二年 | 曹洞宗別院建立費の內 | 貳千五百圓 |
| 同 | 圓山臨濟寺樓門 | 千五百圓 |
| 四十三年 | 兒玉後藤記念營造物 | 壹千圓 |
| 四十四年 | 臺灣全島風水害寄附 | 壹千圓 |
| 同 | 臺北稻荷神社 | 參百圓 |
| 同 | 圓山臨濟寺伽藍 | 參百五十圓 |
| 大正二年 | 曹洞宗別院再建 | 壹千圓 |
| 大正八年 | 臺東風水害 | 五百圓 |
| 同 | 佐久間內田記念財團 | 五百圓 |

賀田金三郎翁

在太平洋戰爭時期，沖繩本土發生了激烈的地上戰爭，據說沖繩縣民每四人就有一人死亡。經過了七十幾年，現在沖繩不時發生美軍的駐留問題，也是媒體常提起的日本政治問題焦點。追本溯源，沖繩問題可回溯到在台灣發生的牡丹社事件，這實在令人百感交集。

台灣被清廷割讓給日本以後，全島各地蜂起的抗日行動，首先在漢人地區，兒玉源太郎總督時期，大抵平定了漢人區的抗日活動，因此兒玉時期以山地和東部的原住民政策為主。出身萩市的陸軍軍人佐久間左馬太，因為年輕時參與過牡丹社事件，被公認為最適合統治台灣的人物，他被任命為第五任台灣總督，也是就任時間最長的一任總督，在台北的下水道整備、郵政、電信事業、鐵路博物館等基礎建設上有很大貢獻。其中佐久間最用力的是原住民政策（理蕃政策），對板山、烏來山、李崠山、日月潭、北港等地，進行了超過一百六十次的武力鎮壓。最有名的「太魯閣戰爭」，據說是當時與總督佐久間左馬太關係良好，同樣出身萩市的賀田金太郎向總督控訴社員被襲擊所以出兵。

太魯閣戰爭時，因為被太魯閣族突然襲擊，佐久間身受重傷，他馬上從台北返回日本內地，然而還是死於仙台。台北捷運古亭站附近的「十普寺」戰前是「了覺寺」，在佐久間十三回忌日時奉納了軍服和軍刀等，也有銅像，但之前我拜訪十普寺，已經無人知曉此事。

一九二三年建於花蓮，祭祀佐久間左馬太的佐久間神社也在一九五〇年代被破壞，後來成為「文天祥公園」，二〇一四年因為原住民團體要求變更為「塔比多」（太魯閣語：Tpedu）。

二〇一六年蔡英文總統就任時，曾經說過「原住民族是台灣原來的主人，必須尊重他們的生活和文化」，這話和吉田松陰的「欲論人事，先觀地理」的說法參看，更有深意。即使被大歷史翻弄，土地不能無視長久以來原住民們的聲音。

冒著無視松陰老師誕生地的可怕失態，完成了幾個取材以後，我再度向平野小姐提出導覽松陰先生誕生地的要求。這裡除了松陰老師，還有他的親戚等十幾位相關人士的石碑，平野小姐一一對我解說。視線由石碑一轉，萩市的城下町在眼前展開。地上的內側彷彿是巨人用手指堆起的指月山和蜿蜒繞著城下町的兩條河流。果然是大自然所構築的要塞。

就像現代少年排著樂高玩戰爭遊戲，對眼前看起來如同模型一般的萩市街道，調皮的松陰少年心裡的想像是怎樣的呢？

▲ 吉田松陰出生地的石碑。

景點位置 ——

**松陰神社** 山口県萩市椿東 1537
**玉木文之進旧宅（松下村塾発祥の地）** 萩市椿東 1584-1
**東光寺** 山口県萩市椿東 1647
**吉田松陰誕生地** 萩市大字椿東 1433-1

萩

## 藍場川／桂太郎
# 第二任台灣總督的故鄉

萩城下町三角洲的下方，有個「藍場川」圳渠流經的地區，差不多三十分鐘可以走完，是很好的散步路線。「藍場川」本是田間用水的水路，拓寬以後，川上可以行船運送物資，除了生活用水的使用，火災時也能做防火用水，也是淹水時的排水道，具有疏洪功能。藍場川沿岸人家的庭園，處處引河水做庭中水池，是「流水式池泉庭園」。當地人認真維護的優美園籬下，五顏六色的肥美鯉魚悠遊其中。藍場川

是他們生活的一部分，就像修整庭院一般，整治河流讓過路的人都能感到賞心悅目，在這裡可以感受到地方人士的溫柔。

這邊也是第二任台灣總督、也是就任日本總理大臣期間最長的桂太郎的老家，現在是公開的史跡。桂家是毛利藩的武士家，桂太郎三歲時就搬到藍場川，後來上了藩校明倫館。新政府軍和舊幕府軍交戰的戊辰戰爭，桂太郎也從軍了，戰爭結束後和弟弟次郎一起到德國留學，在那裡知道啤酒好滋味的次郎，回到日本以後開了「惠比壽啤酒」公司。

桂太郎在台灣總督任內只有短短四個月，評價他身為台灣總督的功績並不容易，但是和桂太郎一起到台灣的是以楫取道明為首的「六氏先生」，這件事大概顯示出桂太郎也重視台灣的教育吧！一九〇〇年東京小石川區成立了「台灣協會學校」，桂太郎擔任了首任校長。

「台灣協會學校」是以培

▲「藍場川」圳渠流經的地區，是相當怡人的散步路線。

▲ 第二任台灣總督
桂太郎的老家。
◀ 桂太郎銅像。

育台灣開發人材為目的的學校，是現在拓殖大學的前身，拓植大學建學的精神也是引用桂太郎的話，「培養富積極進取的氣概與值得所有民族敬慕的高度教養與品格的有為人才。」

這所學校校也接受台灣的留學生。一九一一年在學校旁邊也為台灣留學生蓋了「高砂寮」（戰後改名為「清華寮」），每年據說有六十名學生住在那裡。就像「拓殖」一詞表現的，以台灣的開拓和優良的殖民地經營為目的，反過來說，也不能忽視日本為了擴大利益所進行的台灣人教育和管理。所以對台灣留學生而言，同時促進身為被殖民者的自覺，發生反抗也是極為自然的事。

在當時的東京，台灣留學生接觸了大正民主主義和人權運動的自由空氣，高砂寮裡他們幾乎每個晚上都討論著關於台灣的未來，後來這些留學生也成為台灣思想界重要的角色。包括社會運動家與台灣民族運動家楊肇嘉、劇作家張深切、設立延平中學的朱昭陽，藝術家張秋海和黃土火也在高砂寮寄宿過。

二次大戰後高砂寮改名為「清華寮」，沒有管理者的宿舍成為不法居留外國人的巢穴，後來又歷經了火災，在廢墟狂熱潮裡一躍成為知名景點，最近好像被拆除了。

▲ 從旅館「萩本陣」遠眺萩市風景。

萩

萩本陣

## 兩萬年前的地下高濃度離子溫泉

從松陰老師誕生地開車不用經過多久，會到達一間能眺望萩市風景的旅宿。整座山都是旅館境內的「萩本陣」，創業四十年，豐富的溫泉水每天注滿這邊的「回遊式露天浴池」。令人想起萩城下町的土牆澡堂，按摩浴池、香氛浴池等，廣大的中庭裡一個一個充滿創意的露天溫泉，讓人可以隨心之所至，彷彿巡遊溫泉街外湯般奢侈地享受溫泉的樂趣。山頂也設有可以俯瞰萩市的足湯。裝飾成蒸汽火車「貴婦人號」的小巴士，也會開到山頂。

▲ 裝飾成蒸汽火車的小巴士，可搭到山頂泡足湯。

萩本陣是萩市少有的溫泉旅館。現任社長松村孝明的父親——松村勇會長曾說過：「要促進萩市的活力，一定要有溫泉！」，因為這樣熱烈的鄉土愛，他們招聘了國際知名的油田挖掘技術師，挖到兩千公尺的地下終於挖到了溫泉的源頭，據說是兩萬年前貯存在地下的高濃度離子地下水。萩的周邊是火山質的花崗岩地帶，萩城跡背後的指月山則是大概一億年前的花崗岩。慢條斯理花了兩萬年過濾本陣的源泉，含有豐富的礦物質，其實萩這附近從地質學上看來也是非常獨特的。告訴我這件事的，是「萩玻璃工房」的藤田洪太郎先生。

萩

## 萩玻璃工房
# 溫柔的嫩綠色玻璃藝術

藤田先生大學時研究的是陶瓷器，畢業以後在新型陶瓷材料公司就業，做了將近四十年新型陶瓷材料研究開發工作。藤田先生開始玻璃創作的契機是因為大學時代知道了「萩玻璃」的存在，無論如何希望有一天自己能復刻萩玻璃。「萩玻璃」的技術存在於幕府晚期的萩市，在那裡生產的「萩切子」不遜於著名的「薩摩切子」和「江戶切子」，是相當精美的夢幻玻璃。藤田先生夢想著有朝一日讓萩玻璃在自己的手上復活，到工藝的起源地匈牙

▲ 礦物的原始成分讓「萩玻璃」呈現綠色。

利學習玻璃製作，一九九二年設立了「萩玻璃工房」。

為什麼在萩市能創作出高品質的玻璃呢？

因為萩市周邊是飽含製作玻璃成分的「石英」安山岩產地。石英如果達到百分之八十五就能稱為玻璃，萩的岩石含有百分之六十五的高濃度石英，只需稍微加熱，馬上能成為玻璃材質。礦物的原始成分讓萩的玻璃變成綠色，溫柔的嫩綠色玻璃，正是萩的土地顏色。

藤田先生緻密的玻璃作品，展現了他長期研究積累而達成的多樣技術，在擺著作品的工房裡，不僅可以購買也能體驗製作課程。「我不是藝術家，是技術人員。」藤田先生的工房更有「化學實驗室」或「研究室」的風味。要把原本綠色的萩玻璃做成無色透明的玻璃，要加上什麼成分呢？弄成粉色或藍色，要加上什麼礦物呢？真是大大刺激我的好奇心，讓人興緻勃勃。在日本和台灣「Art 等於藝術、Science 等於理性・科學」的既定形象很強，好像這兩者是不相通的，但我想起本來「Art」的語源是相對於「Nature」，代表著人類的「技藝」和「相傳的技術」。

在新北市板橋的「ATTS」咖啡館也使用萩的玻璃杯。

◀設立「萩玻璃工房」的藤田先生。

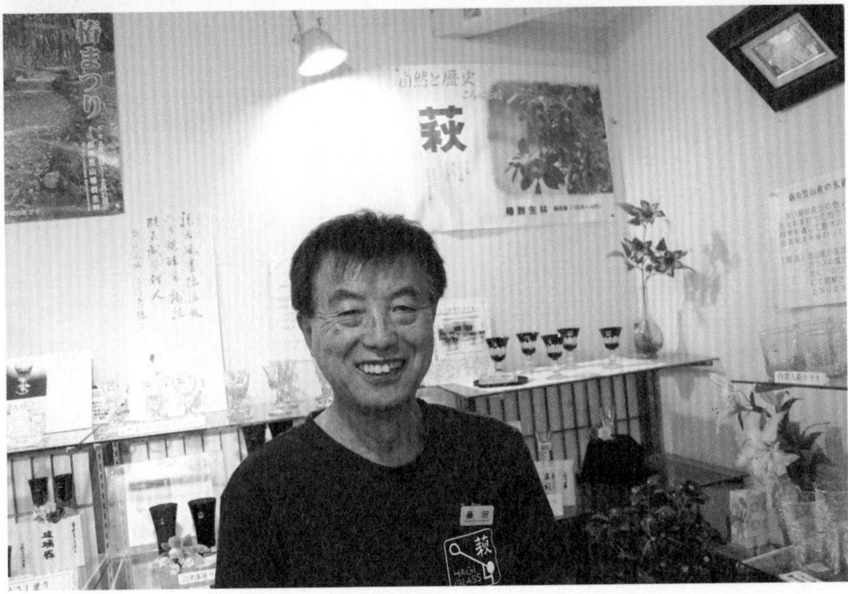
椿まつり
自然と歴史
萩

萩

# 見島牛
# 和牛根源的滋味

「松坂牛」、「神戶牛」、「宮崎牛」是日本屈指可數的著名和牛品種，實際上很少人知道，在萩的近海四十五公里左右的見島上，擁有和牛根源的牛，見島現在仍然保育著這種純血品種的和牛。它的名字叫做「見島牛」，被指定為天然紀念物產地。為了更了解夢幻和牛「見島牛」，我訪問了萩市內的牛肉專門店「みどりや」。

「みどりや」的藤井治雄專務告訴我，關於見島牛是怎麼開始生活在見島一事，到現在都還沒有定論，但大概是從朝鮮半島遷移過來的朝鮮牛，花了很長的時間，終於具有和牛特色吧！合理的推論是由於牛吃了富含海風的野草，而且因為島很小，食物經常不足，營養也不夠，所以身體自然蓄積了脂肪，具備了和牛的特徵。

「現在日本養育的和牛加入了西洋的品種，也就是雜種，被人飼養的純粹和牛就只有見島牛而已。」

見島，浮在日本海上的孤島。從前是亞洲大陸和山口的貿易中繼點，曾經繁榮過，現在是人口僅有一千兩百人左右的小島。連結本土的交通，只有萩港開駛的高速船。也是因為這樣的不便，讓見島牛得以成為見島牛。

我最近才知道，見島牛其實和台灣關係匪淺。二〇一七年，高齡九十四歲的李登輝前總統成功復育了台灣和牛「源興牛」，在媒體上引起了關注。源興牛本來是陽明山擎天崗的短角黑牛種牛，實際源頭是一九〇〇年日本時代帶到台灣放牧的牛隻，所以從DNA看來，也跟見島牛非常接近。與神戶牛、松坂牛等有名的品種一樣，見島更是台灣和牛的故鄉啊！（源興兩字的來源是李登輝三芝老家源興居。）

見島現在大概養著九十隻見島牛。作為天然紀念物的只有島內的見島牛，在島外似乎不算是需要保護的見島牛，所以每年大概有十隻見島牛以食用目的被送到島外。國家補助不足的部分，就由這方面彌補。見島牛被送到東京的餐廳，或是以一百克——三～四千日幣在網上販賣。大概只有二十個人左右能到手極為珍稀的和牛，因為數量太少，只依靠見島牛難以維持的狀況下，又缺乏養牛繼承人，可說是前途多難。

◀「見島牛」是純血品種的和牛。

推廣見島牛的名氣並增加數量，希望能持續保存見島牛品牌，因為這樣的想法「みどりや」讓荷蘭的霍爾斯坦牛和見島牛交配，從四十年前就開始培育第一代雜種的「見蘭牛」。大概有兩百五十隻，從萩開車三十分鐘左右的山裡放牧於相當寬闊的空間裡。不過因為數量不多，只有在「みどりや」的直營餐廳和萩市內的旅館及餐廳吃得到，可以說是在萩才吃得到的和牛。

很幸運的，那晚的「萩本陣」晚餐裡，也有在燒燙的鐵板上用奶油燒烤的見蘭牛。過了四十歲以後，霜降等油脂很多的肉大概吃兩口就飽了，但那晚的見蘭牛油脂恰好，滑順柔嫩的口感，讓我不禁想一再咀嚼。現在世界上有很多人來日本追尋和牛，澳洲等海外各國也已經飼養了和牛，台灣的「源興牛」也已經登場。台灣和牛的根源「見島牛」和從「見島牛」生出的「見蘭牛」是萩市的代表和牛品牌，如果到了萩市，也請務必品嘗和牛根源的滋味。

**景點位置 ──**

**桂太郎旧宅** 山口県萩市川島 73-2
**萩本陣** 山口県萩市椿東 385-8
**萩玻璃工房** 山口県萩市大字椿東越ケ浜 4 区 1189-453
**萩みどりや本店（MIDORIYA）** 山口県萩市堀内 89

萩

## 萩海市（萩しーまーと）

# 自己決定料理方式的海鮮市集

萩市內有七個「道之驛」，雖然各有特色，和魚市直接相連的是「萩海市（萩しーまーと）」。這裡充分發揮了地利之便，場內新鮮的魚貝類就不必說了，當地製造的加工食品和在地酒也琳瑯滿目。

二〇〇一年道之驛萩海市在「地產地銷」的概念下開店了。萩漁港捕撈的魚產裡有高達百分之十五在萩海市販賣，也被選入全國六間「道之驛模範店家」。這裡花了很多心力舉辦活動，譬

▶「萩海市」販賣新鮮魚貝類之外，加工食品和地酒也琳琅滿目。

如每個月一次的當季漁產免費試吃或是片魚小教室等，同時也是在地人常來的超市。看著店頭擺著炸天婦羅或魚漿製品等豐富的菜色，忍不住什麼都想來一點。

還有一個特色，在這裡的四間魚店裡購買的魚貨，可以拿到館內餐廳「浜料理がんがん」料理，每個團體可以有三種料理法，只要一個人五百日圓（不含消費稅）的處理費用可以請餐廳幫忙處理。譬如在市場裡買了萩特產的馬頭魚，就能吃到生魚片或壽司、烤魚及魚湯，在台灣這種把喜歡的新鮮魚類用自己選定的方式料理的海鮮餐廳可能並不稀奇，但在日本可以說非常稀有。

（照片提供／萩博物館）

說到河豚的話，下關當然是最有名的，但其實大部分的天然河豚是由萩的漁船上貨的。萩的漁夫們從以前就在很多地方捕捉各式各樣的魚類，明治時期以後從朝鮮半島近海開始開拓台灣和東中國海漁場的就是萩的漁夫。例如，根據記錄，昭和初期為了捕捉旗魚，萩的漁船曾經在台灣蘇澳漁港靠港。或許山口縣的人們因為這種一脈相承的冒險精神，所以能在日本現代化的路途上留下許多成績吧！

萩

## 國司浩助
# 豐富台灣水產的先驅者

提到日本漁業的現代化，捕鯨和拖網漁法（底拖網漁法）占了很重要的位置，尤其日本拖網漁業的先驅者就是在萩市長大的國司浩助（こくし・こうすけ）。兵庫縣神戶出生的國司浩助，五歲左右成為萩的國司家的養子，養父是創設日產集團的鮎川義介（山口縣山口市出身）的堂兄弟，國司浩助從山口中學畢業後，聽了鮎川的建議進入水產業。

一九〇八年，他花了一年半到英國和德國留學，調查了汽船

▲▶ 當時國司浩助從台灣寄給家人的明信片（上為南門、右頁上為基隆港）。（照片提供／萩博物館）

▲ 日本拖網漁業先驅「國司浩助」的行李箱，上面貼滿到台灣旅行的紀念貼紙。（照片提供／萩博物館）

拖網漁業，國司浩助奉了田村市郎（在下關設立了田村汽船漁業部）的命令，在英國製造拖網船「湊丸」運回日本。以國司製造的一艘拖網船為基礎，他們成長為代表日本的水產公司，也就是現在的「ニッスイ」（日本水產）。

國司浩助也來過台灣，為了設立基隆的「蓬萊水產」，他精力旺盛地巡視了台灣各港口。當時國司從台灣寄給家人的明信片裡，密密麻麻的寫滿了在台灣看到的景色和發生的大小事，傳達了國司的熱情。隨著國司到處旅行的行李箱上，也貼滿了台灣鐵道旅館和基隆「常盤旅館」的貼紙。

因為國司的努力，台灣導入了第一艘裝載柴油引擎的拖網漁船，而且在高雄港和基隆港設了冷藏倉庫，讓台灣人的餐桌上出現了東中國海的魚產。國司現在長眠在享德寺，就在「台東開發之父」賀田金三郎古萩町海潮寺墓地的對面。

和國司浩助只差了一歲、建設了台灣嘉南大圳水壩的八田與一（一八八六～一九四二），在一九四二年的二戰期間，為了進行南方調查，從廣島坐船前往菲律賓，但他搭乘的輪船在長崎近海被美國潛水艇擊沉。八田的遺體被對馬海流帶到萩的近海，據說是萩的漁夫將他的遺體撈上岸。

▲「雲林寺」到處看得見招財貓像。

萩

雲林寺

# 六百座貓咪像環繞的招財貓寺

台灣有一個日本觀光客很愛的人氣景點「猴峒貓村」，山口縣萩市郊外的一個山村也有個最近很熱門的貓咪景點。出身岡山的角田和尚，像是被召喚到「雲林寺」一般，超越想像的「愛貓」世界於是在此展開。

角田和尚從前因為閱讀昭和時期曹洞宗倡導無為自然的澤本興道師父的書，有志於修佛，但一轉念認為人生經驗還不夠，於是先在印刷公司上班，住過名古屋、東京等大都市。後來他重新進入臨濟宗門下當弟子，身為小

僧歷訪各地，在山口因為機緣巧合到了現在的雲林寺就任住持。信徒（檀家）雖然多，但地處偏遠的萩市深山，每到下雨就得帶著水桶在寺裡跑來跑去。過了一陣子，他繼承了招財貓收集家伯母的遺物，後來陸續收到了貓咪小物的奉納，直到今天的盛況。

目前角田和尚、夫人、兩個孩子以及四隻貓（真正的貓），和將近六百座貓咪像每天一起迎接從世界各地來的旅客。傳說撫摸十六羅漢的賓頭盧尊者就會被保祐，這裡也有模倣版的「賓頭盧貓」大人，寺廟裡大量的貓像，是得過世界木雕大會冠軍的當地木雕藝術家林隆雄先生所刻的。雲林寺的庭院裡，有可愛肉球的貓手塔在屋頂上，庭院的周圍有貓萩草、貓乳草、貓目草、貓草等與貓咪相關的「貓草」系列茂盛地生長著。

不過呢，和尚自己企劃設計的貓物實在是太可愛了。本來應該是去除慾念的「禪寺」，但到了這裡物慾一定會被滿足啊！其中有一個令人感動的東西是解說萩貓傳說的漫畫小冊子，竟然有繁體中文版，是為了大老遠坐電車轉公車到寺院的香港和台灣旅客做的。

雲林寺的山號是「栖月山」。偶然與我的「栖來」一樣有「栖」字。我的名字是從松尾芭蕉《奧之細道》的開頭「日日行旅，而栖於旅次」的句子而來。希望能用如同旅行般新鮮的視角凝視書寫每一日。和此相對，角田和尚也在雲林寺的「栖」止修行和生活中迎接了許多國家的旅客。不論是「栖」或「旅」都因人而異，樣貌不同，不過最近深深感受到連結人與人的緣份很神奇。

由緣分帶領我的山口之旅，還會繼續走下去。

周南市
周南市は本当に
しゅうニャン市でいきます
周南市
写真歓迎
Picture Welcome
照片歡迎
사진촬영 환영

▲ 角田和尚和夫人讓「雲林寺」成為有名的招財貓寺廟。

**景點位置 ——**

**道之驛・萩海市（道の駅・萩しーまーと）** 山口県萩市椿東北前小畑 4160-61
**雲林寺** 山口県萩市吉部上 2489

Chapter 5

# 匯聚古老的世界奇景

美祢

美祢

秋吉台喀斯特台地（石灰岩台地）／秋芳洞／山口縣前知事．小澤太郎

# 讓人目眩神迷的獨特景觀

小學時代到秋吉台遠足後，班上製作了「班級報紙」。我寫的文章是關於秋吉台的恐怖故事。聽說很久很久以前，到秋吉台旅行的好幾位觀光客失蹤了。想起這件事，我詢問了為我導覽的古川和則先生，他是美祢市台北觀光．交流事務所（世界貿易中心內）的所長。山口縣美祢市是山口縣裡唯一在台灣設立觀光事務所的行政組織，很積極的和台灣各單位來往，與南投水里鄉建立了友好交流，也和新北市的野柳地質公園締結為姐妹都市。

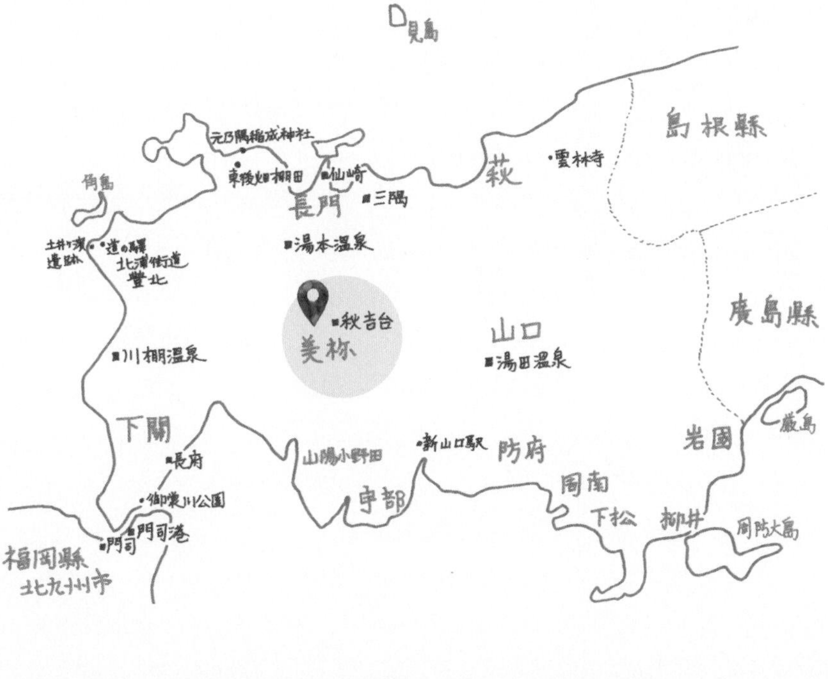

古川先生說，秋吉台是石灰岩被弱酸性雨水融蝕所造就的喀斯特台地，其歷史可追溯到兩千萬年前。雨水從被稱作「doline」的融蝕「凹洞」往下流到地底，秋吉台的下方，至今大約已發現了四百五十三個鐘乳石洞。聽說直到數十年前，不斷有遊客掉入這些「凹洞」底下，我小學時寫那樣的文章也是因為聽到這種故事吧！深達數十尺的「凹洞」，很難發現屍體。還好現在危險的「凹洞」都被柵欄封住了，這類危險事件也不再發生了。

現在大多數的「凹洞」裡好像種植了美祢市的名產「美東牛蒡」。秋吉台是國家公園怎麼會種植牛蒡？可能您很驚訝，但據說只有「凹洞」被認定是私人用地，這些持有「凹洞」土地的地主把這裡拿來當牛蒡田呢。「凹洞」是排水性良好的紅土，適合種植美味緊實的牛蒡。

頗富盛名的觀光景點鐘乳石洞「秋芳洞」商店街上的「安富屋」，他們使用在秋吉台正中央擁有「凹洞」的朋友村上先生種的牛蒡。安富屋把村上先生種的美東牛蒡磨成粉，揉到烏龍麵裡做成特產「牛蒡烏龍麵」。烏龍麵上放了酥炸牛蒡，湯汁也很有特色，十分美味。一想到是在「凹洞」種植的牛蒡，香氣就更加濃郁了。順道一提，安富屋的旁邊，

▲ 秋吉台有奇特的喀斯特台地。（照片提供／美祢市）

▲ 野柳地質公園致贈美祢市「女王頭」紀念像。（照片提供／美祢市）

有一座「女王頭」紀念像，是與美祢市簽訂友好協定的野柳地質公園致贈的。在某個冬日，安富屋老闆拍攝到女王頭上的積雪，因為是正港女王頭這邊絕對看不到的風景，在台灣的社群網路上引起了一陣騷動。

在古川先生的導覽下，我去了秋芳洞。秋芳洞是秋吉台地下鐘乳石洞裡最大的一個，長度是日本第三，體積是日本第一。入口有三個，這回我第一次從內側的「黑谷口」進去。這幾年朋友只要來山口，我一定會帶他們來秋芳洞，每回都很感動。秋芳洞大概在地下一百米。越往下走，泌涼的空氣更增靜謐。走出隧道踏入洞窟時，展開在我眼前的是大自然所創建的暗黑地下帝國。凝神細看，在時間積累中誕生的是眩目的造形世界，這簡直讓人出神。

秋芳洞中幾個有名字的景點像是「千疊敷」、「巖窟王」、「黃金柱」等。古川先生告訴我穿過「大佛岩」時，逆時針繞一圈就能延壽一年。本來連可以繞過大佛岩後面都不知道，都來過幾次的秋芳洞因導覽更添趣味。走一走突然聞到像公廁內阿摩尼亞般刺鼻的臭味，好像是蝙蝠尿，蝙蝠的尿和人類的尿居然是一樣的臭味，總覺得有點不可思議。

「請側耳傾聽天井的聲

◀ ▶ 秋芳洞是日本最大的鐘乳石洞。

音」，古川先生這麼一說我也注意了一下，好像微微聽得到像是金屬刷磨擦的聲音，他說是蝙蝠的叫聲。

走到中途也可以坐電梯到地面。出口有「秋吉台喀斯特展望台」和「秋吉台科學博物館」。旁邊的時尚風地質公園中心「Karstar」（カルスター）是最近蓋好的。這裡有咖啡、冰砂，以及使用當地食材做成的三明治等輕食，能一邊觀賞秋吉台的絕景一邊享用。秋芳洞探險之旅，可以先走一半然後上到地面的「Karstar」（カルスター）休息一會，我是這回才知道的，也是秋芳洞的新玩

▲ 地質公園中心「Karstar」餐廳有咖啡和輕食，一邊享用輕食，一邊觀賞秋吉台絕景。
▼ 美祢特產「秋芳梨」口味的霜淇淋。

法。

古川先生的母親，在一九四五年戰爭結束的那一年出生於花蓮。古川先生的外祖父在花蓮當過站長。出生於戰前台灣，也就是所謂的「灣生」。

秋芳洞的商店街裡有間土產店叫「新高館」，店主村木阿姨是第三代，創業的祖父曾在台灣經營糖廠，從台灣返回日本後，一九五一年開了「新高館」，店名的緣起是台灣最高峰「玉

▶ 灣生的山口縣知事小澤太郎的回憶錄《風雪》。

山」，在日本時代叫做「新高山」。

古川先生的母親也好，新高館也好，雖然只是偶然聽到的故事，但也不禁感覺到在秋吉台和灣生之間的深厚緣份。為什麼呢？一九五六年阻止美軍爆炸演習計畫、拯救了秋吉台的就是山口縣知事——灣生，小澤太郎。

明治時期開始，秋吉台就是日本陸軍的演練場，戰後則是以陸上部隊的演練做為條件讓美軍使用。但是一九五六年美軍申請空軍的爆擊演習許可，當時的山口縣知事小澤太郎馬上反對，「在學問上極為貴重的文化財秋吉台上，我們絕不容許爆擊演習的破壞」，他直接寄了抗議信給艾森豪大總統，並在數名美軍將領前強烈責備他們「如果你們要進行爆擊演習，知事我本人會在現場坐著」，持續發揮他纏人的交涉功夫，終於中止了爆擊演習。

我會知道小澤太郎的存在，是因一位出身在山口縣防府市、現居東京的台灣人吳先生。我在台灣的日文雜誌《な〜るほど・ザ・台湾》介紹陳澄波那幅傳說中的作品〈東臺灣臨海道路〉重現於山口防府的新聞，出差到台北的吳先生偶然看到了這篇文章，因山口和台灣不為人知的緣分而驚訝不已，吳先生透過編輯部與我聯繫。巧合的是吳先生的父親戰前在早稻田大學留學，戰後擔任駐日盟軍總司令（GHQ）的口譯，曾經和蔣介石溝通，因受到同為台灣出身的小澤太郎氏的請託移居到山口。

我想要更了解小澤太郎這位人物，於是去拜訪在山口開設律師事務所的小澤太郎的公子小澤克介，他送我小澤太郎晚年寫的回憶錄《風雪》。裡面記錄了許多他在戰前戰後的工作，特別是在台灣總督府工作時的紀錄，是理解當時台灣狀況非常有價值的著作。

小澤太郎，一九〇六年生於台灣澎湖。父親松助是山口萩出身的，中日甲午戰爭後動身到台灣，在澎湖當上了台灣總督府的公務員。這時太郎誕生了，在太郎五歲時他們全家移居嘉義，太郎就讀嘉義小學校。書中提到四年級時他在父親的安排下回到山口縣的故鄉萩，在明倫小學學習，那時他遍訪松下村塾、萩城遺址、高杉晉作老家等地，首次了解到鄉土之美和值得驕傲之處。從台南中學獨自返回山口縣，得到「防長教育會」的獎學金，在舊山口高等學校念書後，進入東京帝國大學法學部就讀。「防長教育會」是以山口縣出身的優秀學生為對象，借貸獎學金給他們的民間獎助團體，一八八四年在萩藩主毛利元德的提倡下創設，似乎是日本最古老的獎學金。

讀著《風雪》，不禁感到貫徹小澤太郎一生，尊重「人權」、「平等」、「民主」等強烈的信念，是因為他生長於台灣給他的強大影響。例如：關於二戰末期的皇民化政策，他這樣寫：

「干涉本島人的信仰、廢祠堂廟宇，抑制其祭典，強硬要求本島人參拜神社，強制使用日語，獎勵改姓名等，真是不可理喻暴力至極的行政手段」，他也對當時的第十八任總督長谷川清進言，「日本的台灣統治目標乃在於使島民幸福，即使經濟上豐足物質上幸福，法制上社會上不平等的存在，對流著高度自尊的漢民族血液的本島人而言，心底會潛伏著難以忍受的屈辱感。正當國家非常時期的今日，應導正歧視，和島民從心和解。」就因為生於台灣長於台灣，也有許多台灣友人，小澤才能培養出這種獨特的客觀見地吧！

實際上，小澤有個台灣好友，叫做陳炘。陳炘於一九二七年成立了「大東信託」，為了「由台灣人發起為了台灣人」的金融體系而奔走，他也是戰後在二二八事件中被逮捕處決的台灣精英之一，作家張深切對陳炘的評語是「台灣不世出的偉人之一」。小澤在《風雪》中，是這樣形容陳炘的：「當時台灣人中最進步最聰明的人物，我希望他能承擔未來的台灣」，也介紹了一個動人的故事。拜訪小澤的陳炘，如此激勵他：「總督府現在盡在做些倒行逆施的事，我相信今後你一定能將潮流導向正途的。」

直到日本戰敗前的最後時刻，小澤仍努力在小磯內閣中運作，希望台灣人能在日本的國會中享有被選為議員的資格，但和當時的台灣總督安藤利一衝突，被降職到台南，終戰後，撤退回山口。

回到山口的小澤太郎，一九四八年就任山口副知事。一九五三年參加山口縣知事選舉，首次當選，一九五三～一九五九年擔任知事，藉下關漁港改建規劃遠洋漁業的復興，以瀨戶內海沿岸為中心，成功吸引大規模工廠的建設，以佐波川水庫為始的水庫建設，山口大學的開創等等，他為戰後的山口縣產業基礎建設留下了偉大的功績。在農業上，他招聘了在台灣開發蓬萊米的農學博士磯永吉為顧問，也籌劃了農業試驗場，達成山口縣米糧的自給自足。

為我們故鄉山口的發展盡心盡力，也是母校山口高校的前輩，我卻對這樣的小澤太郎一無所知，繞了一大圈，因為台灣才認識到小澤太郎的存在，這到底是什麼樣的因緣呢？現在，因小澤而得以保存原貌的秋吉台美景，就在我的眼前。

「話說，秋吉台看上去有這麼多的白色石灰岩，妳覺得有多少個呢？」古川先生突然發問。嗯……寬闊無邊的秋吉台。岩石到底有幾個，這種事我可是連想都沒想過。看我答不出來的樣子，古川先生惡作劇般地笑了。

「一個喔！」「欸？」「看似秋吉台表面的是巨大石灰岩的一部分，各自探出頭來而已。」

中計了！古川先生每次導覽時一定都會問這問題吧，回答時你肯定都覺得心情不錯吧。我下次帶朋友來的時候也一定要問問他們。

還有一個壓箱寶。

從中側看秋芳洞入口的時候，那出口，像是某個東西的形狀。到底是什麼呢？台灣人一定會「啊」的一聲領悟答案的。請您務必到秋芳洞，用自己的雙眼確認一下。

**景點位置——**

**秋芳洞** 美祢市秋芳町秋吉秋吉台
**安富屋** 美祢市秋芳町秋吉 3442
**新高館** 美祢市秋芳町秋吉広谷

Chapter 6

# 瀨戶內海岸邊的漁村小城市

山陽小野田・宇部・新山口

宇部
山陽小野田
新山口

常盤公園／瀨戶內海

# 將工廠變公園的生態綠化都市

據說宇部從前是煤煙之街。

本來只是人口六千人的小小荒村，明治時期發展為石炭礦業城市，人口膨脹到五萬，宇部的代表企業——宇部興產的化學工廠四處林立，一九五〇年代這裡發生了很嚴重的公害問題。

和這樣不健康的形象相抗，挺身而起的是女性市民。奮起的她們舉辦了在街頭添上綠意和花朵的「花多多」運動，後來發展成在城市各處放上彫刻作品的公民運動。之後，宇部將作品集中

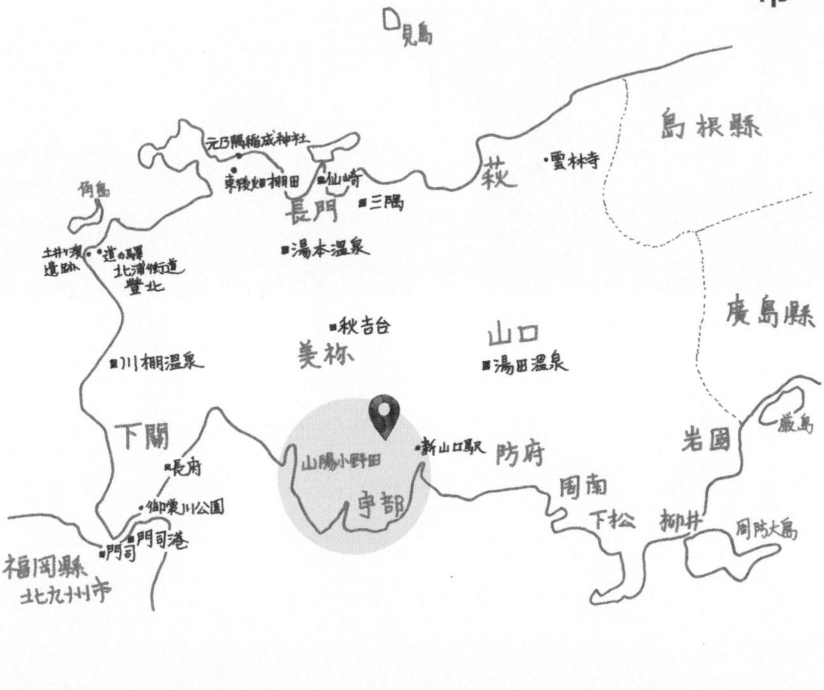

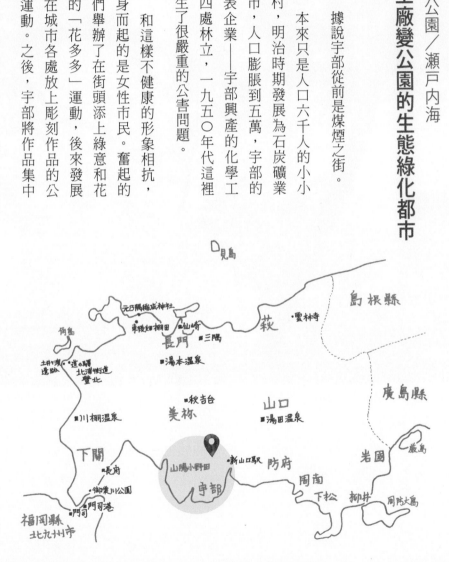

▲ 常盤公園以生態展示法再現動植物的棲地。

到現代雕刻類，公開招募收集作品，這就是「UBE 雙年展（現代日本彫刻展）」的開始。「UBE 雙年展」從一九六一年的第一屆展覽開始，已經有五十年以上的歷史，是日本最大規模的戶外雕刻國際競賽，每次也都有台灣藝術家參加和入選。

「UBE 雙年展」主會場在宇部市中心的「常盤公園」。常盤公園以三百二十年前為了灌溉所挖的人工湖「常盤湖」為中心，是個擁有一百八十九公頃腹地的大公園。我小時候覺得那邊是荒廢的遊園地，最近幾年在女市長久保田氏的強化政策下，公園內開設小小的動物園和植物館，感覺也不一樣了。這裡的環境盡量再現動植物原來的棲地，可以學習更接近自然的動植物生活，這種「生態展示」的方法，是從北海道的旭山動物園學來的。動物園植物館都小小的，蜿蜒的道路兩旁，一一陳列著有關世界各地氣候和生態環境的介紹，不管對大人或小孩，都是寓教於樂。公園裡還有太陽能發電和風力發電的設施，發揮了新世代能源公園的功能，是一座在環境、藝術、福利與運動各方面都取得平衡的「樂活」公園，近年備受矚目。我的朋友在常盤公園旁經營小提琴工房，一年裡有兩次跟他們一起到公園散步。每次都能感受到

◀ 常盤公園裡的植物園。

常盤公園有機的變化和進化，對宇部市民來說，這真是個「樂活庭園」。

日本鄉下城市普遍保守又有傳統性別意識，在炭坑、工廠等男性為主的社會牽引下發展不易，但在這個市區裡，我著實感到因女性公民運動和女市長的活躍所帶來的進步。她們像是喜愛自己身體的一部分，自然而然在日常生活中努力。

氣候溫暖，很少地震等自然災害。市內也有飛機場（二〇一六年開始了和桃園機場的不定期包機），生活的環境水準年年提升，宇部市人口現在大約有十七萬人。

和軟銀的孫正義齊名，日本的重要經營者、資本家柳井正（Fast Retailing）也是宇部出身，「Uniqlo」是在宇部市內商店街從男裝小店起家的，聽說柳井社長就住在常盤公園附近。因為《新世紀福音戰士》聲名大噪的電影導演庵野秀明也是宇部人，作品裡常出現老家的風景及風物。

日本料理店「吉祥」集團專營海鮮料理，本店在宇部，山口縣已展開九家店。這天，「吉祥」的沼聖剛社長讓我坐上他的遊艇在瀨戶內海吹風。他說有時間的話會從宇部小小的漁港，環繞日本海在萩漫遊一圈，天氣好的話，也會乘風遠航到對岸的九州、國東半島。

沼先生說：「之前把船停在國東的中津，上陸閒逛時發現一間品項很齊全的威士忌酒吧。老闆說，現在全世界的熱門話題就是台灣的噶瑪蘭威士忌KAVALAN，真的是很美味啊！」

他又說到早上和兒子坐上釣魚用的小船，釣了大概一百隻竹莢魚（後來他分了大概十隻給我）。

坐上遊艇，從海上眺望山口美麗的海岸線，身體上糾結著的疲勞和煩憂頓時消解，隨著海浪遠流了。一個小時左右吧！順著瀨戶內海的風，到了無人島竹島。然後划獨木舟，撿拾貝殼，在島上燒烤取樂。玩累了躺躺吊床或在船上的小床休息，不知不覺漁

▲ 坐上遊艇，航行於瀨戶內海，到達無人島「竹島」玩樂。

港的海岸在望。早市已結束的漁港，漁夫和家人們聚在一起談天說笑，沼先生收拾了遊艇，也加入他們，大家邊喝啤酒邊聊著大海和出漁的話題。

真是太享受了！

擁有自己的遊艇，當然是經濟上較富足者的特權，但實際上，擁有遊艇就能享受這樣的奢華嗎？

我從沼社長身上學到，不只是遊目之樂或食物的享受，最重要的是，在山口的海洋和風裡的時光簡直是天賜的恩惠。

◀ SL 山口號蒸汽火車行經風光明媚的山口縣。

宇部
山陽小野田
新山口

## 長谷川謹介／SL 山口號

# 鐵道迷追逐的山海鐵道之旅

宇部市和下關市中間，有個地方叫山陽小野田市。長谷川謹介，一八五五年出生於此，建設了連結臺灣南北的縱貫鐵路。清代劉銘傳開始在臺灣修築鐵道，那時僅止於台北和基隆之間，日本時代，應後藤新平（與第四代兒玉源太郎總督共同創造了「兒玉後藤時代」）的招聘，長谷川謹介投入了台灣鐵道事業。他最大的功績是在一九〇八年開通了連結基隆到高雄（打狗）的縱貫鐵道建設，花了比預估更少的時間和金錢。一九〇八年他就任鐵道院副總裁，在戰前的台北舊站還建有長谷川的銅像，但現在即使在故鄉山陽小野市，說起長谷川之名卻無人知曉。我試著詢問了市公所，不管是他的出生地、墳墓或後代子孫，對方都回答「不明」。

喜歡鐵道的人一定不會錯過「SL 山口號」吧！一九七三年蒸汽火車從日本全國消失的六年

（照片提供／黃楷棻）

後，因應多數SL迷的熱切期待，SL山口號決定在週末和假日復活，可說是現在日本全國重生的觀光SL火車的先驅。二〇一七年六月，行駛在台鐵花蓮的「CT270形」火車，因為和山口的「C57」形火車同型，也締結了姐妹列車的合作。

SL山口號行駛的是地方線「山口線」。從瀨戶內山陽這邊的「新山口」出發，經過山口的著名溫泉區「湯田溫泉」，穿越山口縣廳所在的「山口」，再穿過風光明媚的「長門峽」，終點是日本海山陰這一側，饒有情趣的島根縣小小城下町「津和野」，是一趟能享受山口縣縱斷之旅的鐵路迷行程。

我出生於一九七六年，大約是SL除役後第三年。出生在高度經濟成長時期，在泡沫經濟、還有被稱為「失落的二十年」的停滯中長大。在我成長的時代，大部分的勞動都漸漸收攏到小小的遙控器裡。連玩耍的樂趣都被吸收到電腦的鍵盤、智慧型手機的畫面裡，漸漸的人們感受不到「身體」。在這樣的時代，第一次坐上SL山口號，我感覺到比起懷舊什麼的，更像第一次坐上蒸汽火車的乘客們感受到的興奮，當時由煤礦、蒸氣具體表現的文明「肉體」，幾乎襲捲了我所有的感官。

像詠嘆文明般朗聲高喊的發車信號，如山豬般往前突進的能量，補充煤礦時洗練的動作，嗚咽悲鳴的汽笛，猛烈噴射的黑煙。在山口，在台灣，現在還有往前疾駛的蒸氣火車。

**景點位置——**

**常盤公園** 宇部市則貞3-4-1

**日本料理 吉祥** 宇部市東岐波129-1

Chapter 7

# 如此美景竟是縣府所在地

山口

山口

瑠璃光寺五重塔／雪舟庭／YCAM

# 夏夜裡萬盞紅燈籠搖曳著火光

年紀大了思故鄉，寒蟬悽切。

——山頭火

從福岡的博多站搭新幹線，大概三十分鐘能到新山口車站，再轉搭在來線，二十分鐘左右就抵達山口市街，縣政府也設在這裡，可說是山口縣的「肚臍」。

在這裡，我度過了國中到高中的六年，那之後雖然到外地上大學，嫁到臺灣，但每年都回山口市內的娘家，對我來說山口市是最能感覺到「故鄉」的地方。

不過高中時只覺得無聊的要命，想要快點到外面去念大學。之後又過了好多年，現在則是帶小孩回娘家，豐富的大自然和公園，美酒和好吃的米飯和溫泉等，在享受這些土地的恩惠時，我重新接觸到學生時代不感興趣的鄉土歷史，每次回山口就更感受到對故鄉的愛。

山口市之所以成為現在山口縣裡長防、長門的中心，是要上溯到室町時代，大約一三六〇年左右，大名大內弘世在此築城。椹野川流經的盆地地形和京都的地勢很像，所以模倣京城進行都市計劃，也從京都挖角了很多職人和文化界人士。大內弘世之子——大內義弘還自稱百濟王後代，積極與高麗和中國貿易，累積了龐大的財富和國力，極盡繁華的山口被稱為「西京」。大內氏也因其積極的文教保護政策聞名，大內文化是在京都文化上再加上朝鮮與中國大陸的佛教文化所融合的獨特文化。

現在的山口市街，高樓大廈不多，離主要的鐵路幹線山陽本線也有一段距離，人口位居山口縣內第三名，算是安靜的地方都市，讓人想像不到這裡竟是縣政府所在地，閑散幽靜。要說六百年前這裡曾經備極繁榮也是一時難以聯想，不過大內文化留下的雪泥鴻爪，以縣政府旁邊的「瑠璃光寺五重塔」為首，還有因畫

聖雪舟築造的庭園而聞名的「常榮寺」等地。

瑠璃光寺原來是為了祭祀大內義弘而建造的曹洞宗寺院，擁有國寶五重塔。長州藩主，創造了明治維新成就機緣的第十三代毛利家當家毛利敬親（一八一九～一八七一）也長眠於此。在關原之戰戰敗的毛利氏，領土被削減，屈居長州藩主之位，建城時本來的第一志願是防府的「桑山」，第二志願就是此處——瑠璃光寺旁的「鴻之峰」。但德川幕府不接受毛利氏的期望，毛利氏只能在萩的指月山築城。不過，在江戶幕府末年，因病回山口療養的毛利敬親，卻在沒報告幕府的狀

▶ 木造的瑠璃光寺五重塔擁有四季美景。

沉下，將長州藩廳擅自遷到了山口市。

瑠璃光寺的五重塔和京都的東寺一樣是木造建築，因為屋頂是茅葺屋頂，重量較黑瓦輕，那姿態既纖細又優美，五重塔的柳腰也讓人想起法隆寺的國寶「百濟觀音」。背山的五重塔前，大池廣收美景，夏天綠意盎然，冬天倒映雪景，瑠璃光寺不收參觀費，實在是很大方。

每年的八月六日、七日，在夏夜裡浮上幾萬盞紅燈籠的「山口提燈祭（山口ちょうちんまつり）」，宛如再現已失落卻優美無比的大內盛世。一竿竹子上裝飾了十幾個燈籠，裡面真正點了火，有如在搖曳火光中浮現通往彼岸的隧道，絕美而莊嚴。

從瑠璃光寺往東走一陣，就到了「常榮寺」。這裡是臨濟宗的寺廟，擁有被稱為「雪舟庭」的庭園。大內氏不僅注重經濟發展，也積極導入國內外的文化、學問與思想，著眼於文化都城的營造，室町時代許多文化人和天主教的傳教士因此前來依附。客居山口，明朝時渡海至中國，臨摹宋元山水後，返國確立日本獨特水墨畫境界的畫聖雪舟（一四二〇～一五〇六），也是其中一人。山口縣裡留下了許多據傳為雪舟創作的庭園，其中常榮寺的「雪舟亭」可說是雪舟代

▶每年8月的「山口提燈祭（山口ちょうちんまつり）」，竹子上裝飾著點火的燈籠，像是搖曳火光中浮現的絕美隧道。

▶常榮寺的雪舟亭緩緩展開的枯山水。

表作。借景南山，緩緩展開的枯山水，令人感受到和江戶時代的大名庭園截然不同的大氣，是山口我最喜歡的地方之一。

二〇〇六年，在這個庭園裡舉辦了前衛現代音樂家大友良英氏的演奏會。演奏家隱身在雪舟設計嵌入的大石後方，在夜晚的雪舟庭舉辦了戶外音樂會。在山峰圍繞下，擁有庭池的雪舟庭，蟲啼蛙叫、鳥鳴與水流潺潺，都與大友管絃樂的演奏大合唱，那絕對是很棒的演出吧！希望有一天我能坐在雪舟庭前發呆，用耳機聽聽那一晚的錄音（收錄於CD）。

提到現代音樂與現代藝術，二〇〇三年完工的山口情報藝術中心（通稱YCAM）是個令人耳目一新的文化據點。建築師是曾獲英國皇家建築師協會（RIBA）金獎的建築師磯崎新。情報藝術中心裡的迷你影院，擁有在日本屈指可數的高級音響設備，媒體藝術、現代美術的策展、世界級藝術家的展演和演唱會也不少，附設的市立圖書館和工作坊也成為市民和現代藝術的橋樑。

從京都迎來貴族公主的大內氏，為了讓她不感到寂寞，在一之坂川流放了螢火蟲，春天清流旁的櫻花樹美麗綻放，初夏時節，天然紀念物源氏螢的閃爍點亮了夜之清流。從前武家屋敷遍布的一之坂川沿岸，現在是安靜的住宅區，最近開了很多有趣的咖啡店和酒吧。不需特地在租金高昂的都會開店，現在用網購，商品也可以流通到全國，所以很多到了大都市的年輕人又回流返鄉，連山口這邊也看得到年輕人在各領域展店的新傾向。在日本常聽到像是「疲弊的地方（*鄉下）」之類的說法，不過最近我每次回日本時感受到的卻是因為貧富差距的擴大，疲弊不堪的反而是大都市的人們。物價低廉，環境又好，年輕人返鄉注入活水的地方都市，接下來應該會越來越有趣吧！

▲ 春天的一之坂川旁綻放美麗櫻花。（照片提供／山口縣旅遊聯盟）

**景點位置 ──**

**瑠璃光寺五重塔** 山口市香山町 7-1
**常榮寺雪舟庭** 山口市宮野下 2001
**山口情報藝術中心** 山口市中園町 7-7

山口

# 活躍在日本時代臺灣的山口縣人士

野村一郎／三卷俊夫／林方一

鴻之峰，邃遠綠意，
朝夕於此，臨窗望之；
前代之，古雅都城，
荷此榮光，乃吾學舍；
啊啊如山高，自負榮光，
享之繼之，今亦惕勵。

想說都畢業二十五年，應該早忘光了吧！在網路上找了影片，什麼，我還記得啊！而且還會唱。這是母校「山口高等學校」校歌。

歌詞開頭的是從學校正門進來就聳立在正面的「鴻之峰」，也就是長州藩主毛利輝元築城的第二志願。繼承長州藩校「明倫館」遺緒，一八七〇年「山口中學校」創校，二〇一〇年迎來了一百四十周年校慶，這裡出了很多在明治時期之後大展鴻圖的政治家和經濟家，實際上活躍於台灣的人也不少。

出生於吉敷郡吉敷村（現在山口市湯田溫泉到吉敷附近）的野村一郎（一八六八～一九四二），一八八七年從山口中學校畢業以後，就讀第三高等學校（位於京都的舊制高等學校），後來進了東京帝大工科大學，專攻建築工學。一九〇〇年，以臺灣總督府技師的身份到台灣工作，設計了軍營、學校、政府機關、醫院和工廠。野村也從事適合亞熱帶氣候的衛生木造建築的研究，像是木材防腐工廠的開設和白蟻預防等，代表作品有臺灣總督府官邸（現在的臺北賓館／一九〇一年）和國立臺灣博物館（一九一五年）。也設計了一九一〇年在英國舉辦的日英博覽會台灣館，獲頒榮譽大獎。

在台灣有「倉庫王」外號的企業家三卷俊夫（一八七九～一九六一）雖然出生在東京，但因為陸軍少將的父親故鄉在山口縣吉敷郡名田島村（現在的山口市名田島），所以三卷在山口中學校讀初中。與他同屆的還有後來日產集團的總帥鮎川義介，據說他們的交情持續了一生。

三卷俊夫從山口中學校畢業以後，讀京都帝大，後來到臺灣銀行上班，工作十二年以後，一九一六年擔任「臺灣倉庫株氏會社」的CEO，隨著臺灣基礎建設的整備，運輸業、倉庫業增加後的業務由他一手擔當，因此被稱為「倉庫王」。據說他住在築地町一丁目八番地（現在的西門町），但因為熱愛高爾夫，他也是臺灣最早的高爾夫球場——當時臺灣賢達的社交場所「老淡水」（臺灣高爾夫俱樂部）的創設元

475

## 野村一郎君

前臺灣總督府工事部技師にして、高等官二等、土木局營繕課長たりし、從四位勳四等工學士野村一郎君は、東大工科建築學科の出身にして、大正三年春職を辭し、爾來大阪にて、故友茂庄五郎氏の遺業を繼承し建築事務所經營中なり。

君は山口縣吉敷郡吉敷村の人、明治元年十一月十九日を以て生る、野村致知氏の長男にして、現横濱正金銀行員法學士野村三郎氏の令兄たり。明治二十年山口中學校を出で、工科を志望して京都第三高等中學校に入り、同二十五年七月卒業し、進んで東京帝國大學工科大學に學び、建築工學科を專修して、同二十八年七月卒業す、同年十二月より一年間の兵役義務を終へ、同三十年臨時陸軍建築部技師に任ぜられ、同三十二年臺灣總督府技師に轉じ、同三十七年一月土木局營繕課長に任ぜられ、同四十二年十二月歐米各國へ差遣せられ、同四十四年三月歸朝、大正三年四月職を退き、大阪に於て建築事務所を開き、爾來經營の步を進め、傍ら朝鮮總督府の囑託に應じ總督府廳舍建築に關する樞機に參與しつゝあり。

曩に君の事務所を開始するや、友人等左記の推薦狀を發表

▲ 專研建築的野村一郎（照片提供／山口縣立山口圖書館）

老。很會寫文章，除了回憶錄《在臺三十年》以外，還有《貓鬍鬚》、《橫貫赤道》、《臺灣倉庫株式會社二十年史》等著書，以「春楓子」筆名經常在報上投稿。台灣名士陳逢源，年輕時是社會運動家，後來進入陳炘與林獻堂設立的大東信託株式會社（當時唯一由臺灣人創立的金融公司），也參與了後來的華南銀行的成立，戰後也擔任過許多企業的董事長。但陳逢源就讀「國語學校」（當時使用日語的學校），立志進入金融業，就是因為受到了三卷俊夫的薰陶。也是詩人的陳逢源之所以會被三卷俊夫吸引，或許是他們在文學的知性上有所感通吧。

▲「倉庫王」企業家三卷俊夫

故鄉學校的橘枳之花。

——山頭火

活躍在日本時代臺灣的山口縣人，不光只有精英人士。

從山口市街一直往東北方向，如同和服在襟懷相連之處，群山高聳於山口與島根縣境，這裡是佐波郡柚野村（現在的山口市德地町）。民宅稀少，而且因為一九五五年完工的佐波川水庫的建設，村子中央大概有兩百多戶沉到了水底，多雪交通又不便，以前就是生活嚴峻的地方。臺南著名觀光景點—「林百貨」的創立人林方一（一八八三～一九三二），就在此出生。

▲ 山口市的街景。

方一在四歲時母親去世，七歲父親過世，和姐弟三人一起被叔叔撫養。十九歲時離鄉，在山陽鐵道株式會社工作，二十九歲時因為對世界充滿希望，渡海到了臺灣。臨別之際，方一對故鄉的朋友們發下豪語：「我若能在臺灣成就如三越大丸（東京最大的百貨公司「三越百貨」和「大丸百貨」）之事業，當與卿等再度相見！」

在臺南吳服店（百貨公司前身）「日吉屋」開始工作的方一，因為勤快又努力，被任命為總管會計，一九一八年獨立開業，在大宮町一丁目（現在臺南市民生路以北的永福路上）開設了「林方一商店」。除了吳服店以外，也在各方面發揮了商業才能，方一在當時都市計劃中預定開築主要道路的末廣町和白金町買了土地，一九三二年八月二十日，著手規劃「林百貨店」（臺南市中西區忠義路二段六十三號）。可惜方一過勞傷身，十一月住進臺南醫院，無法出席心心念念的「林百貨店」十二月五日的開幕式，十二月十日離開人世。享年五十歲。方一的靈車繞行甫開幕的林百貨店前道別後，才轉向火葬場。

前幾天，我去了再度復活的林百貨。臺南第一間百貨公司、也是最早設有電梯的百貨公司，是當時臺南最摩登的建築。「林百貨」的所有小細節，都充滿了從山口縣貧窮山村渡海到臺灣的青年滿溢的夢想，想到這個就深深感動。

林方一去世以後，方一的妻子林とし、負責人藤田武一和數名主任等經營林百貨的高層大多是山口縣出身。明治到昭和初期，山口縣是移民海外較多的地方，拜託同鄉親友關係，前往臺灣工作的人很多，不管官方或是民間都一樣。我不禁想像起這樣的光景，或許山口腔就交雜在當時超摩登先進的百貨公司裡。

山口

## 山水園

# 白狐狸發現的「湯田溫泉」

喝是故鄉水，洗浴故鄉水。

——山頭火

山口市街上有溫泉。

六百年前開湯，傳說是白狐狸發現的「湯田溫泉」，我拜訪了高級旅館「山水園」。創業的中野仁義因海運成名，買下了企業家的別墅，增建以後開始經營旅館，一九六三年昭和天皇、皇后兩位也曾在此住宿，這邊的建築、庭園都被指定為國家的文化財。我和現任的中野愛子社長一起在山水園裡散步。

據說湯田溫泉是溫泉水量十分豐富的溫泉地，戰後日本為受傷軍人設立的「溫泉醫院」有十三處，湯田溫泉是最早設立的。創立山水園的愛子社長的父親，中野仁義挖掘了溫泉泉源，全部共開挖了三次，第一次是攝氏三十六度、第二次是攝氏六十五度，第三次挖到五百公尺下攝氏七十八度的熱水，現在使用的是那三個泉源混合的溫泉。山水園是利用了所有源泉的「源泉湧泉

▲「山水園」旅館簡直是和風建築的博物館，因為離縣政府近，從以前就常用來作為政府接待的場地。

（源泉かけ流し）」的旅館。（在日本「源泉湧泉」以外的溫泉都是循環利用溫泉水，所以評價溫泉旅館時，是否是「源泉湧泉」是很重要的基準。）

特別可觀的是臨接山水園數千坪庭園的本館建築。設計本館的是日本數寄屋建築巨匠，笛吹嘉一郎（うすい　かいちろう）。他在表千家（傳承日本茶道始祖千利休一派）十三代家元即中齋時代十分活躍，建造了小林一三（創建了寶塚歌劇團的大企業家）的茶室和京都嵯峨大河內山莊等傳統建築，是位營造了大量茶室與傳統建築的大工匠。他在設計施造山水園時，融入很多著名茶室的設計元素，正

▶「山水園」旅館內的大庭園。

統派數寄屋（茶室）匠人獨具的雅趣，全都寄託在山水園的十四間客房裡，聽到專家說這裡「簡直是和風建築的博物館」時，愛子社長也笑了。我們一起巡遊各個房間，連打掃人員如何用撢子那樣的細節，愛子社長都會加以指導。「建築物久了，不得不細心打掃。」

山水園因為離縣政府近，從以前就常用來作為政府接待的場地。尤其是山口中學（山口高等學校）的畢業生常到這裡來體驗傳統的日本和室，常邀請臺灣等海外客人的愛子社長，也是山口高等學校的畢業生。我們一起到庭園，草葉搖曳彷彿會呼吸，綠意如光。維持這麼大的庭園，卻完全沒有施灑除

▲「山水園」旅館強調人和自然共生。

蟲藥物，真令人驚訝！

「松樹完全沒枯喔！」

不用藥，用的是發酵真菌。這是東北大學教授的研究，山水園用發酵真菌，兩個禮拜就有效果，據說土壤變鬆軟了。綠意盎然之處，正因為園藝專家的技術過人。太齊整也不可以，要發揮恰到好處的感覺，很需要經驗和時間。只有十四個房間規模的旅館，要維持這樣的庭園應該是很辛苦的吧！我揣想著。果然，愛子社長說之前就用庭院的池子做網路募資，募得的資金用在修繕上了。說到和風旅館的女社長，浮現的是結髮髻身穿和服的形象，愛子社長可是短髮、襯衫加上長褲的穿著，是有活力，說話又清晰的勁帥女性。採用發酵真菌和網路募資等有趣的新古法，這種地方可能就是「很山口」吧！

山水園的特色還有一個，就是即使不住宿也能入浴的外湯「翠山之湯」。我特別喜歡這裡，每次回山口省親至少會去一次。露天浴池裡放置了許多小網子，旁邊寫了注意事項。「這裡希望能和大自然共存。如果有被困住的蟲子（掉落浴池），請用這個網子幫幫它。」感受人和自然的共生，閒眺著山水園的庭園，泡在露天溫泉裡用力把山口的空氣吸到肺部。慢慢吐氣，感覺自己也成為山口大自然裡的一部分了。

**景點位置——**

**山水園** 山口市緑町 4-60

山口

湯田溫泉／中原中也紀念館／井上馨／藤田傳三郎／久原房之介

## 這些流傳的名人軼事

二〇一七年十月，湯田溫泉加入了「臺灣亞洲太平洋國際溫泉觀光協會」，這個協會是由長年持續與湯田溫泉交流的北投溫泉所主持的。有此機緣，湯田溫泉和台灣溫泉區的交流更熱烈了。石川佳純選手和吉田真晴選手等奧運金牌好手也是山口出身，因為想和桌球風氣興盛的臺灣透過桌球促進交流，還在北投國小舉辦了桌球大會。

山陽這一側（靠瀨戶內海）的湯田溫泉是山口最大的溫泉名勝，集中了大大小小的旅館。因為位在市區的緣故吧！沒有什麼溫泉街的氣氛，在我念書的時候，不如說繁華街的形象還比較強一點。川棚溫泉大飯店的社長也說過，日本的溫泉街從高度經濟成長期到泡沫經濟期到達鼎盛，於是所有的溫泉街都出現了大型化與樂園化的傾向，在泡沫經濟崩解後也受到重創，許多旅館因而倒閉，溫泉業界也迎來長期的低迷。最近各溫泉區都努力尋找「我城」的地方特色，也致力於讓溫泉街整體更趨精緻。

▲ Gelato & coffee Pelo 用山口縣產的牛奶和水果做的冰砂大獲好評。

湯田溫泉也是如此。像是日本電視節目經常介紹的常盤旅館「女將劇場」（女老闆每天晚上的魔術秀），濃濃時尚感的足湯、咖啡館、餐廳和酒吧也陸續開店，讓溫泉街重新恢復了過往活力。老壽司屋「榮壽司」的女兒在本店對面利用古民宅開了冰砂專門店「Gelato & coffee Pelo」，也是地方活化潮流下的新店家，用山口縣產的牛奶和水果做的冰砂大獲好評，據說每天傍晚前就賣光了。

詩人中原中也（一九〇七～一九三七）誕生在湯田溫泉，在日本近代詩壇留下了偉大足跡。身為中原醫院醫師家的長男，母

▲中原中也紀念館。

親是茶道老師。小學時期被譽為神童，非常優秀，但上中學以後，因為沉迷於文學，竟然留級了。愛面子的父親，要他從山口中學校退學，把中也送到了京都。之後中也依然耽溺在頹廢的文學世界，並且開始寫詩，十八歲上東京。畢業於東京外國語大學法文科，是日本最早翻譯《蘭波詩集》的人，到三十歲病死為止，留下了三百五十首左右的詩歌。至今，中也依然擁有很多熱情的崇拜者。

中也粉絲的聖地，就是湯田溫泉的「中原中也紀念館」，在中也老家的「中原醫院」舊址。一九九四年開館時也成立了現代詩文學獎「中原中也獎」，堪稱

▲ 詩人中原中也在日本近代詩壇留下偉大的足跡。

年輕詩人們的登龍門，很受歡迎，許多有才華的詩人得過獎。

中也最早意識到「作詩」，是在小學生時期，回想他疼愛的弟弟在八歲時死去的記憶。從前叫做吉敷村的這一區，有條「吉敷川」，中原家歷代祖先的墳墓在吉敷川上游。附近有一個地方，水在地底潛行，沒有流出地表，被稱為「水無川」。只有小石頭沒有水的「水無川」，像清流般反射了陽光，飛來的蝴蝶靜定棲止，剎那間又不知飛向何處了。被雙親帶著去弟弟墳上的中也，在水無川的風景中得到靈感，寫了〈一個童話〉這首詩。

〈一個童話〉中，停駐在小石頭上的蝴蝶，不知往何處飛去後，太陽光照射在乾燥河床上，曾幾何時水竟瀟瀟的流著，這就是結尾。蝴蝶停住的剎那，中也透過八歲弟弟的死亡而切身感受到人生的虛幻吧！即使如此，只有短暫的時間，中也的創造力為乾涸的河川帶來片刻的豐盈，創造了澄澈的新世界。流動的活水，也就是文學之「心」，也許不只是像詩名一樣的「一個童話」吧！

不限於詩，我認為這是託附了所有創作者的願望和祈禱般的美麗詩篇。

「所以說，這首詩可以說是中也詩作的原點。」

這是中原館長的話，雖然不是中也的親戚，卻是偶然同姓的中原中也紀念館館長。

話說，中也病死前，留下了〈歸鄉〉一詩。他去世以後，長期被故鄉遺忘，老家湯田溫泉後來興起重新評價中也文學的運動，其契機是湯田溫泉附近「井上公園」裡興建的中也詩碑，詩碑上刻了中也最後的作品，〈歸鄉〉的一節。

「啊……這一生你到底做了什麼啊！迎面吹來的風這樣對我說。」

「井上公園」是紀念井上馨

（一八三六～一九一五）的公園，他和中也同樣出生在湯田溫泉，從幕府末期到明治時期，與伊藤博文共同推動日本前進的政治家。

井上馨，出生於湯田溫泉，為長州藩士（武士）之子。在藩校明倫館學習後，成為長州藩士，到江戶游學時遇上了終生盟友伊藤博文。井上後來醉心於「尊皇攘夷」思想，也參加了激進的政治運動，和伊藤博文等共稱「長州五傑」（井上馨、遠藤謹助、山尾庸三、伊藤博文、井上勝），後來一起偷渡到英國留學，親眼見證了外國勢力和日本國力的懸殊，轉而希望鎖國的江戶幕府能

▲ 創辦三井物產的政治家井上馨。

夠轉向開國之途，盡全力打開明治維新的道路。明治政府成立後，身為財政界要人，他充分發揮了能力。原來井上馨的才能就不限於政治，也很有商業頭腦，據說「長州五傑」留學時，藩的出資不夠時，也是井上去調頭寸。明治維新後，井上在企業界財界擁有絕頂實力，和三井、藤田組、毛利家等財團聯手，用現在的話說，他就是經營顧問那種角色。

例如說，二〇一一年被指定為台北市歷史建築的「三井物產株式會社舊倉庫」，是二〇一四年開始的台北北門周邊廣場改造計畫中很受矚目的建築。倉庫的經營者三井物產，現在還是代表日本經濟界的大公司之一，明治時期就任三井財閥顧問，創設「三井物產」的就是井上馨。

在石油登場前的明治時期，煤炭礦業是國家的引擎。例如當時被稱為三井財閥最大的搖錢樹——九州的三井三池炭礦事業的開始，也跟井上關係很深。政治和商業都精熟的井上，非常明白要發動國家這輛火車最需要的是什麼。

其實，到現在為止本書的登場人物，說到和臺灣因緣不淺的山口人，大部分或多或少受到井上馨的影響，尤其是日本時代在臺灣最大的礦山生意，井上馨的影響更是難以估計。

馬關條約簽訂後，臺灣礦山的開採權全由日本政府一手控制，從北部基隆的基隆山頂上劃一條線，西邊的瑞芳礦山由藤田傳三郎的「藤田組」掌握，而臺灣電影《無言的山丘》的舞臺——東邊金瓜石礦山則是田中長兵衛的「田中組」所控制，他們都從日本政府手上拿到了開採權。

藤田組之後的藤田財閥（現在是「DOWA控股公司」）是山口縣萩市出身的企業家藤田傳三郎（一八四一～一九一二）創立的。藤田以大阪為據點，擴張事業版圖到建設、土木、礦山、電鐵、電力開發、金融、紡織、報社等，創造了絕大的財團，是第一個得到男爵封號的民間人士。

幕府末期時他參和了高杉晉作的奇兵隊，因此認識了井上馨和山縣有朋等長州出身的人，更活用了這樣的人脈導向事業的成功。他之所以能在臺灣得到基隆山開礦權一定也是因為井上馨的大力運作。同樣是萩市出身，被稱為「臺灣東部開發之父」的賀田金三郎（參照P.160）最早在東京也是藤田組。後來，賀田轉到大倉組，到臺灣以後獨立開業創了「賀田組」，但賀田在臺灣開展的臺灣銀行和成立臺灣製糖會社等大事業，說起來都是井上馨的授意，藤田組或大倉組以及後來的賀田組，其實就是在臺灣

▲ 創立藤田組的藤田傳三郎

執行井上的意志。

藤田組在地合作的對象是基隆炭礦事業的有力人士「顏家」，顏家是臺灣五大名家之一，現在日本活躍的歌手一青窈、女演員兼散文家的一青妙姐妹是顏家後代。藤田組和顏家在一九一八年設立了「臺北炭礦株式會社」，一九二〇年藤田組將股份全部移轉給顏家，顏家將公司改名為「臺陽礦業株式會社」。從此顏家除了鑛山以外，也投資了許多事業，獲得龐大的財富，創造了顏家的黃金時代。

話說，藤田傳三郎有田村市郎和久原房之介兩個外甥，也都是山口縣萩市出身。田村市郎是現在「日本水產」的前身——下關・田村水產的創業者，和國司浩助（參照 P.187）共同開啟了拖網漁業。弟弟久原房之介統率的「久原鑛業」（後來由井上馨的外甥，久原的姐夫鮎川義介接手，開創了日產集團）是日立製作所、日產自動車、日立造船和日本鑛業創立的基礎，身為久原財閥的總帥，久原房之介又稱「鑛山王」。本來臺灣基隆鑛坑開採權是由藤田組和田中組瓜分，一八九六年他從田中組手上拿到開採權，一九三三年買下了金瓜石鑛山的也是久原房之介，一九三五年久原鑛業在臺設立了「臺灣鑛業株式會社」，金瓜石

▲「鑛山王」久原房之介

鑛山飛躍成長為一年可開採一百萬噸鑛物的東洋第一大鑛山。

久原後來進入政界，又被稱為「政界黑幕」，他提供右翼資金援助，也涉入了極右派青年將官們發動的政變「二二六事件」。戰後久原被指控為A級戰犯嫌疑犯，但因為在辛亥革命時捐助了孫文總額三百萬（現在的話大概是數十億）以上的政治獻金，提出證據以後，獲得不起訴。戰後的久原遠離公職，致力於日中、日蘇的外交回復工作。

一九六二年被作家三島由紀夫問了一聲：「和中原中也是同鄉吧？」，久原才知道中也最後無法回到故鄉山口，病死在東京，久原讀了中也在死前寫下的〈歸鄉〉一詩，大受感動。從明治到昭和，像是噴出猛烈濃煙般直衝的蒸汽火車，夢與理想，野心和慾望，都轉為能量向前疾行。不只是日本和當時的臺灣，和中華民國、中華人民共和國的命運也息息相關的久原房之介，晚年也沒回到故鄉萩，一九六五年逝於東京，享壽九十五歲。晚年據說借款不少，從前孫文也拜訪過的東京白金台的家「八芳園」也流到他人手中，久原就在八芳園後方的簡樸小屋靜靜的過日子。

「啊……這一生你到底做了

什麼啊！迎面吹來的風這樣對我說。」

久原晚年遇上了中也的〈歸鄉〉的其中一句。雕刻了這詩句的中也紀念碑在湯田溫泉的井上公園裡，現在也還能看到。

看著碑文朗讀「啊⋯你到底是做了什麼啊！」的瞬間，剛好聽到附近湯田溫泉站出發的「SL山口號」，嗚咽的汽笛聲載走了迎面吹來的風。

**景點位置——**

Gelato & coffee Pelo　山口市湯田温泉 1 丁目 7-26
**中原中也記念館**　山口市湯田温泉 1 丁目 11-21

山口

# 臺灣蓬萊米與台灣原住民文化研究者

## 磯永吉／國分直一

二次世界大戰結束之後，一九四七年五月底前，從臺灣分三梯次回日本的日本人總數，據說是三十二萬一千兩百七十二人。（引自《臺灣省日僑遺送紀實》）但是有兩百六十位技術專業人士和家人，在中華民國政府的邀請下留在臺灣繼續工作，他們被稱為「留用日本人」。其中有建構了臺灣考古學與民俗學基礎的知識巨人國分直一（一九〇八～二〇〇五）和被譽為「臺灣蓬萊米之父」的農業學家磯永吉（一八八六～一九七二）。

一九〇八年出生在東京都港區的國分直一，少年時代生活在高雄的小小海港，國分直一的自傳和訪問集《遠空（遠い空）》裡，由國分直一誠懇的話語平穩的描繪出日本時代的高雄風景，令人玩味。大學時代回到日本內地，進了京都帝國大學，正當馬克斯主義全盛期，一九三三年在京都帝大發生了思想整肅事件「瀧川事件」，國分的朋友們也陸續被逮捕，死於獄中。擔心日本狀

況臺南的恩師，把國分直一叫回臺灣。當了教師的國分直一，不忘研究之夢，在臺灣考古學（臺灣原住民研究）上傾注了做學問的熱情。一九二六～一九二八年，就任第十一代臺灣總督的上山滿之進（山口縣防府市出身），深信「臺灣的主人公是高砂族」，在這信念下，他離開總督一職時，將離職慰勞金交給臺北帝國大學，委請他們從事臺灣原住民研究（上山企劃）。國分直一發現上山企劃裡沒包括考古學，他決定從考古學的角度研究臺灣的主人公原住民，留下了許多關於臺灣的歷史、民俗、考古學等著作。在戰後的留用時期，他也參

▶ 台灣原住民文化學者國分直一。

與因美軍空襲被破壞的文物修復，一九四五～一九四六年，也參與了地質學國際權威馬廷英教授等的蘭嶼調查團。

一九四七年二二八事件爆發，社會情勢日趨險惡，國分直一回到日本，在東京教育大學等各地大學任教，後來到山口縣下關市的梅光學院大學擔任教授，以山口作為最後的棲居之地，終老於此。

不知為何，和國分直一親近的人，說到他的時候就特別高興。山口縣立大學安溪遊地教授和晚年的國分直一密切往來，編輯了國分直一的自傳《遠空》，他說：「明明（國分老師）是很偉大的人，但我不管說什麼他看起來都很感興趣，我也漸漸覺得自己好像很了不起一樣」、「就算到了八十幾歲，每年還會寫出兩本論文，很有精神，有一次我為了趕末班電車跑了起來，他也在旁邊跟我一起跑」，對時髦的玩意完全不感興趣，但最喜歡吃的是牛排和牛肉咖哩。同樣是留用組，因為《民俗臺灣》雜誌的封面和插畫聞名的畫家立石鐵臣，為了撫慰留用時期的寂寥，在手作雜誌《回覽雜誌》中，留下了關於國分直一的幾幅素描，充滿了愛，也透出了國分直一讓人敬愛的人品。

山口縣下關市的梅光學院大

◀ 被譽為「臺灣蓬萊米之父」的農學家磯永吉。

學，原名「梅光女學院」。日本時代臺灣很多好人家的大小姐到那邊留學，在師範大學教授鋼琴的高慈美教授，她在梅光女學院時代的制服照，現在能在中央研究院臺灣史的資料庫上看到。直到八十歲後半，國分直一還是梅光女學院的名教授，指導學生誨人不倦。

我也去參觀了山口市國分直一的住宅。從湯田溫泉過去很近，位於「赤妻町」裡的獨棟房屋，現在已是雜草叢生的空屋。我很驚訝它距離我中學高中時期的家非常近。說不定那時候我和國分老師曾在路上擦肩而過。

國分直一去世之後，留下數量龐大的藏書，全部經由安溪教授之手，與金關丈夫的藏書一起捐贈給臺灣大學圖書館，現在可以在臺大總圖五樓的特藏組看到這些書。偷看他人的書架就像窺視他的腦子一樣有趣，雖然好像有點對不起他，但在臺大圖書館窺視國分直一腦袋的一部分，明明沒實際見過面，也會生起孺慕的心情。

為了能夠和從前住在附近的國分老師相遇，我怎麼就繞了一大圈呢！

磯永吉博士（一八八六～一九七二）在台灣的日本時代和農業技師末永仁一起開發了「蓬萊米」（臺中六十五號），因此被尊為「臺灣蓬萊米之父」。他

們用細長又乾的臺灣米，和近似臺灣氣候的九州所生產、較有黏性的圓形日本米「中村種」，試了一千多種方式育種，改良為適合亞熱帶和熱帶臺灣氣候風土的二期稻作米「蓬萊米」，後來又培育出臺東的「池上米」等多種品牌，直到現在還天天出現在臺灣人的餐桌上。

從山口農業試驗場借到的磯永吉著作《蓬萊米談話》（山口農業試驗場／雨讀會發行／昭和三十九年），最後收錄了〈蓬萊米裏話〉，根據這篇文章可以看到磯永吉和臺灣各地農家合作研究的情況，當時種出了高品質的蓬萊米，作為壽司米出口到

◀《蓬萊米談話》記錄了蓬萊米品種的改良過程。

東京的壽司店時，沒有任何客人發現那是臺灣產的米。因以陳儀為首的中華民國政府強力希望，磯永吉在臺灣繼續研究，待到一九五七年。歸國時他選擇到山口，住了四年以後，搬到女兒住的橫濱，晚年在岡山生活。中華民國政府為了感謝磯永吉，到磯永吉去世為止，每年都贈送他一千兩百公斤的蓬萊米。

一九五七年，磯永吉之所以選擇山口作為回國後的住居，是因為當時縣知事小澤太郎（參照P.203）招聘他作為山口農業試驗場的顧問。後來據臺大磯永吉學會的報告，蓬萊米的始祖「中村種」是屬於江戶時代的品種「都」系列，「都」系列其中有個品種是由山口市小鯖的伊藤音一研發出的「穀良都」品種，所以山口算是「蓬萊米」的故鄉。

從前磯永吉也眺望過的山口水田，養出的水稻和臺灣「蓬萊米」宛如兄弟般血脈極近。究竟磯永吉是不是因為知道這件事才選了山口呢？實情不明。李登輝前總統復育成功的臺灣和牛「源興牛」也好，蓬來米也好，臺灣和山口之間縷縷流動的、親近的、地下水脈般的關係，讓人思之不已。

品種改良的複雜過程和成果等生物學上的專業論文，佔了《蓬

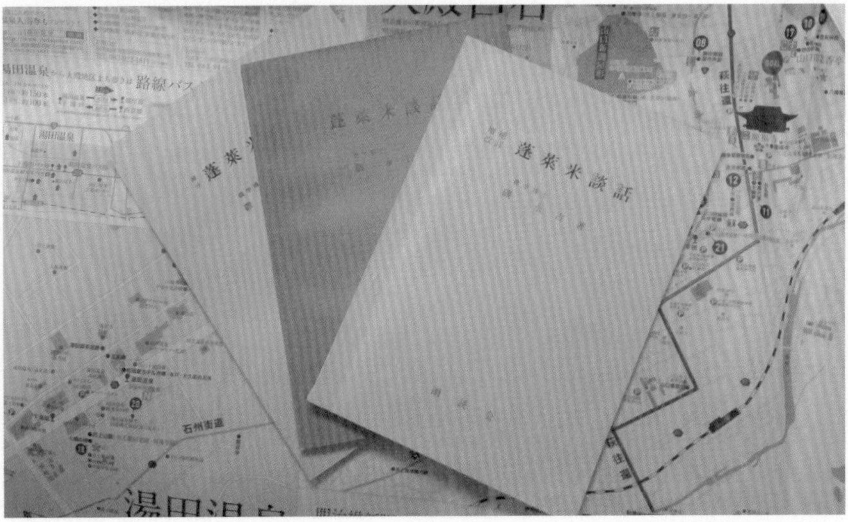


萊米談話》的一半以上，對門外漢的我來說實在是像外星語言，但我突然很擔心一件事，那就是最近日本國會通過的「種子法廢止法案」。種子和品種改良等話題，對一般人來說很困難，但因為調查了蓬萊米相關事項，才知道原來我們每天吃的米是這樣種出來的。

所謂「種子法廢止法案」，簡單來說就是「放棄由國家來保護日本的基本食材如稻米、大豆和麥子的種子」，也就是國家今後不再支持稻米等作物種子的研究和供給。

更讓人擔心的是，現場農家長期以來所培養的方法和體制會

▲ 山口算是蓬萊米的故鄉。

因此混亂，再加上將來「簡單又容易栽培的外來種會驅逐現在的國產種」，這也讓人憂慮。

遙思因前人努力的積累才成就的美味日本米的歷史，眼前是梅雨時節濡溼的翠綠水田。

「You are what you eat.」每個人是由自己吃進去的食物決定。和土地密切相關的飲食文化，也就是我們的認同所在。投注了人類智慧和技術的歷史建築，作為公共文化財被珍重保存，那麼種子不也應該被好好守護培育嗎？

梅雨雲未霽，群山故土。

——山頭火

Chapter 8

# 奈良時代的繁榮大都市

防府

防府

上山滿之進／防府天滿宮／毛利氏庭園／山頭火／喫茶 Etoile ／再看一次草莓白皮書

# 藉陳澄波的畫作留下台灣的生活紀念

事情發生在二〇一五年。

防府出身的第十一任台灣總督——上山滿之進（一八六九～一九三八）的研究者兒玉識（こだま・しき）先生，在和上山有關的防府圖書館倉庫裡發現了一幅老油畫。畫作背面有「陳澄波」的簽名，作品名是〈東台灣臨海道路〉。沒錯，這就是陳澄波不知去向的作品。陳澄波基金會的董事長，也就是陳澄波的孫子陳立栢接到聯絡，第二天馬上從嘉

▲ 在防府市立防府圖書館發現的陳澄波〈東臺灣臨海道路〉與陳澄波之孫陳立栢先生。
（照片提供／陳澄波文化基金會）

義飛往日本的山口，確認那幅畫確實是祖父的真跡，這件事也馬上成為台灣美術界的重要話題。

畫家陳澄波（一八九五～一九四七），台灣嘉義出身。赴東京美術學校（現在東京藝術大學前身）學畫，是首次入選「帝國美術展覽會」（帝展）的台灣人。由於是台灣人，在日本畫壇感覺到繪畫生涯的瓶頸，於是到上海尋求一展身手的舞台，但因二戰烽火漸熾，陳澄波回到台灣，描繪了淡水等許多台灣的美景。戰後被捲入二二八事件，一九四七年，於五十二歲英年被槍殺。戒嚴時期的台灣，陳澄波的事蹟長期以來鮮為人知，隨著

◀ 陳澄波的畫作〈東臺灣臨海道路〉曾經守護防府孩童的教室裡。

民主化的進行，被重新評價，陳澄波的悲劇性與熱愛鄉土的風格，都為他博得爆炸性的人氣，甚至在香港的佳士得和蘇富比拍賣中喊出三千萬到五千萬港幣的高價。

陳澄波的畫，為什麼會在防府被發現呢？

發現畫作的防府市立圖書館，舊名「三哲文庫」。「三哲文庫」是深愛防府故鄉的第十一任台灣總督上山滿之進為了培育防府文化，不惜用私人財產建設的地區圖書館。順道一提，所謂的「三哲」，指的是上山尊崇的山口縣出身的三位哲人，吉田松陰、乃木希典，以及政治家品川彌二郎。這回發現的陳澄波〈東台灣臨海道路〉也是上山滿之進贈送給圖書館的文物，從前拍的三哲文庫舊照片裡，教室牆上的這幅畫靜靜守護著閱讀的孩童們，〈東台灣臨海道路〉的身影如此著實地入鏡了。

上山滿之進擔任台灣總督一職是在一九二六到一九二八年兩年之間。在短短的任期裡，他重建了瀕臨破產危機的台灣銀行，也推動成立了台北帝國大學（台灣大學前身）。不過我特別想提到的是，上山對台灣原住民非常關心。在離開總督一職時，他投入大筆慰勞金，委託台北帝大進行台灣原住民研究，後來結集出了《台灣高砂族系統所屬之研究》與《原住民語高

砂族傳說集》兩部學術著作。這些研究資料紀錄了日本時代到戰後許多失落的台灣原住民文化，現在已是非常貴重的史料。而且，上山滿之進用編纂上述著作的部分資金，委託陳澄波創作「一幅畫」作為他在台灣生活的紀念，那就是在防府發現的〈東台灣臨海道路〉。

面海的斷崖絕壁長長地往前延伸，山的中間是一九三二年開通、位於台灣東海岸的蘇花公路。台灣原住民的親子手牽著手走著，海上還浮著一艘原住民的小船。木製的畫框也很有特色。據說使用了台灣蘭嶼達悟族的船木材，表面還雕著達悟族的紋路。

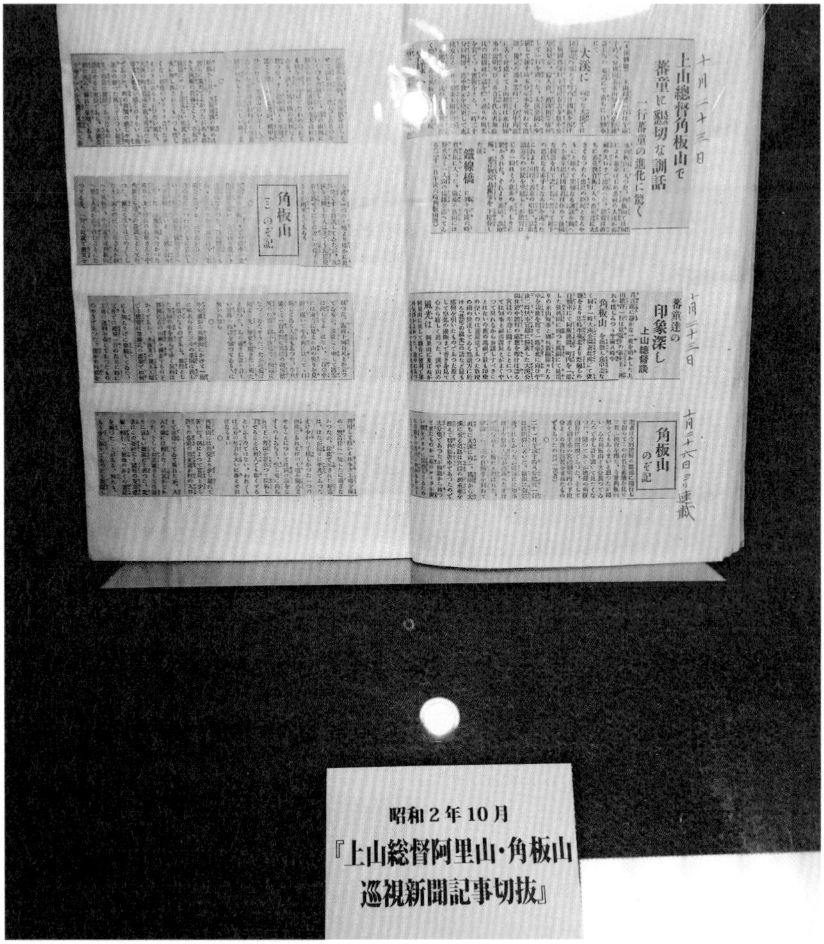


▲ 上山視察原住民部落時的報紙新聞。

上山年輕時的同事，民俗學家柳田國男，曾經這樣評價上山：「擁有驚人的求知欲與鄉土愛」，兩人的友誼也持續終生。山口縣前知事小澤太郎（請參見〈美祢〉一節）在研究所時期曾在上山滿之進面前演講「台灣泰雅族社會的高度民主秩序」，上山對此很有興趣，也因為這樣的機緣，小澤確定了台灣總督府的工作，這件事也記載在小澤的自傳《風雪：記憶的回想（風雪：記憶による回想）》裡。

「家並非單獨存在，當和祖靈神所棲止的森林與山等神聖空間，發生有機連結，才得以存續」（兒玉識《上山滿之進的思想與行動》）這是之後奠定柳田民俗學基礎的重要思考，上山應該對此也抱著強烈的同感。在他的眼裡，因為現代化的發展，日本人的共同體漸趨失落，台灣原住民維持著祖靈信仰的生活文化，更是值得尊重且懷念的文化吧。現在防府圖書館的上山滿之進資料室裡，展示了很多上山就任台灣總督府時外出視察原住民部落時的報紙新聞，解說提及上山的視察並非如一般長官的高壓態度，而是非常體貼親和的訪問行程。

對此，上山的後代上山忠男也跟我說：「上山滿ア之進很珍惜的將那幅畫掛在東京的書齋裡，後來擺在三哲文庫中。在任時間雖然短，但他對台灣的心念

▲ 上山滿之進的肖像畫。

極為熱切。在三哲文庫境內建築上山滿之進的石碑時，從台灣來的捐款很多。都已經從總督退任好多年了，真是非常感謝。」

〈東台灣臨海道路〉發現之後交由福岡亞洲美術館修復，二〇一七年夏天已公開展示。防府市將再度迎接這幅畫作，也借此機會更推進防府和嘉義的友好交流，以上山忠男為首，市民們也很樂見其成，防府市內的毛利博物館也已經表明了這幅畫是防府市的財產，他們將會負責保管。

由衷期待不久的將來能在防府和〈東臺灣臨道道路〉相會。

防府

## 舊毛利家本邸／毛利博物館

# 一窺全日本最大規模的私人豪宅

「幕府末年將藩廳由萩搬遷到山口時，如果從現在縣廳所在的山口再搬往瀨戶內海側的防府市三田尻的話，把防府當作中心都市，戰後的山口縣將會更加繁榮吧！」這是我訪問現居防府的歷史研究者山本榮一郎氏時他所指出的。原來如此，確實從地理上看，防府位於廣島與下關之間，是縣內最大的平原地帶，也是瀨戶內海側的交通據點，有鑑於此處曾是長州毛利藩築城的第一志願，確實很有都市發展的潛力。

彷彿坐實了毛利氏秘密的期望，加上井上馨的支持，一九一六年（大正五年）防府市內建造了毛利家本邸。二萬五千坪的用地，以個人住宅來說，無疑是全日本最大規模，換算成現在幣值的話，大概是花了一百五十億日圓左右的奢侈豪宅。從玄關進去以後，是一樓廣大的六公尺長廊，舖著最高級的台灣欅一枚板原木。房間有六十間以上，外觀是純和風建築，但室內除了大吊燈以外，玻璃、水

▲ 毛利氏庭園。

泥、電線和水溝的地下化等，到處都用上了當時的最新技術。完工以後，雖是毛利家私人宅邸，但交付給一九六六年創立的文化財團後，公開給一般大眾參觀。

附設的毛利博物館，大概收藏了兩萬件文化財。以茶聖千利休親手為毛利輝元削刻的「茶杓」為始，有許多飲茶器具，關於戰國時代的古文書數量，這裡是日本最多的。國寶七件、重要文化財高達九千件，毛利家家寶、畫聖雪舟的代表作「四季山水圖」繪卷在每年十一月紅葉時期對外公開。

從長州藩祖毛利輝元算起，第三十一代的現任毛利家當家毛利元敦先生親自為我導覽了毛利宅邸與庭園。毛利先生出生於東京芝高輪的「毛利邸」。江戶時代的大名家全員除了自己的藩國城，也都必須在江戶安置宅邸，算是把妻小放在江戶當人質的意思。毛利邸現在是品川的王子大飯店。

毛利元敦先生五歲時正值二戰末期，被疏散到靜岡縣，戰後的小學中學時代則在防府這裡的本邸度過。聽著他說起小時候在大正、昭和天皇住過的房間裡捉迷藏，或是夏天時從庭園的橋上跳到池子裡游泳，這樣的聊天散步委實奢華。歌舞伎舞台換幕般景色不變的廣大庭園裡，一個個燈籠和庭石盡是龐然大物。登上宅邸的二樓，從開放的房間往下面看了一圈，在近處看時感到異樣的大燈籠，因為遠近感的緣故吧！巧妙的收納在庭園之中，在前方可以看到港口和工場區。怎麼感覺好像當上了城主大人啊！

這在眼下開展出的防府市街，自奈良時代（七一〇～七九四）周防的「國府」設置於此以來，是屈指可數的大都市，以西元九〇四年創建的防府天滿宮為中心，十分繁榮。

防府天滿宮是祭祀學問之神菅原道真的神社。平安時期在京都朝廷鬥爭中敗下陣來的菅原道真被流放到福岡的太宰府，途中他短暫住在防府，防府天滿宮和京都的北野天滿宮與福岡的太宰府天滿宮並列，被稱為日本三大天神。

最近防府天滿宮的職員們來台灣旅行，宮司鈴木宏明先生說，第十一代台灣總督上山滿之進和

▲ 感覺好像當上了城主大人。

◀ 日本七夕祭時將許多許願短箋掛在竹葉上，裝飾的繽紛多彩。

防府天滿宮的因緣也很深。上山家原是山形縣出身，因為戰敗躲到山口，防府天滿宮藏匿他們，所以他們才決定就在防府住下。

在神社，奉獻給神明的音樂稱為「御神樂」。在防府天滿宮的御神樂吹橫笛（龍笛）的一木孝文先生，曾在台南市飛虎將軍廟（祭祀日本軍人杉浦茂峰為飛虎將軍）戰後首度進行日本神道式祭儀的時候擔任神樂笛的負責人。

這次我拜訪防府天滿宮時正值七夕祭時期。日本七夕祭的習俗是將心願寫在短箋再掛在竹葉上，各種不同顏色的短箋裝飾的繽紛多彩，防府天滿宮的境內也正好竹葉翻飛，鮮艷的五色裝飾在黃昏的風中搖曳，像是偶像團體解散前的最後演出一樣華美眩目，如同只開在夏日傍晚的花，飄散著虛幻的美感。

降雨的故鄉，我赤足前行。

——山頭火

防府天滿宮舊名為松崎神社，這地區舊名松崎。一八八二年出生於防府市松崎大地主家的是自由律俳人，種田山頭火。

山頭火十一歲時，母親苦於父親的放蕩風流，在自家投井自殺。山頭火的兒子健氏用「孤獨地獄」一詞表現了山頭火悲苦人生之旅的開端。

從縣立山口尋常中學（現在

▲ 種田山頭火。

的山口縣山口高等學校）畢業後，山頭火進了早稻田大學文學部，但因耽溺於酒精和文學，造成神經衰弱，大學退學後返鄉。父親想做造酒業卻失敗了，種田家破產，父親自此失蹤。

依靠朋友接濟，帶著妻兒移居熊本的山頭火，後來留下妻子出家，在日本全國各處流浪，詠嘆的俳句高達八萬四千句。關於故鄉的詩歌也有三百句以上，但當時防府的人們對乞丐和尚的酒鬼山頭火都沒什麼好印象。懷念的故鄉土地，也是宛如赤腳踩在泥濘般冷漠的地方。故土令人難耐，於是離鄉四處漂泊，又因為終究不捨再度回鄉，山頭火的人

◀ 昭和氣氛滿溢的純喫茶「Etoile」甜點店。

生就蹉跎於這樣的循環之中。晚年在愛媛縣松山市棲居的「一草庵」過世。

出生之家 形跡已無，螢火蟲

——山頭火

離防府車站大概一公里左右的山頭火出生的老家，現在民宅鱗比，只有母親フサ自殺的水井石壁，還殘存在某民宅的內側。

疲累至極，嘗水味。

——山頭火

一般說到山頭火，立刻會想到他嗜酒的形象，但到山頭火五十八歲辭世為止，他留下的詩句裡，關於「水」的句子比酒還多。有人調查日本全國留下的山頭火俳句和名水的關係，結果他寫到水的句子的地方全部是礦物質比較少的軟水，跟故鄉防府的水質酷似。他老家裡的井水、在那井裡自殺的母親，以及將種田家逼到破產的酒，這些山頭火所愛之物，同時也從山頭火身上拿走他的全部。

山頭火死去之後，遺骸被移至防府護國寺。現在建有墓碑，他一生孺慕的母親フサ長眠在他的墳旁。

防府市內，有七十座以上的

山頭火詩歌碑，其中最稀奇的，就屬喫茶店「Etoile エトワル」，山頭火的歌碑就在店門口。

出了防府車站往天滿宮的「天神口」，再往右手邊走，經過商場「Rursus ルルサス防府」（發現了陳澄波畫作的市立防府圖書館就在三樓），繼續往前走一會，有一棟建築曲線形的美麗外觀讓人印象深刻，這就是一九五一年創業的名店「純喫茶Etoile」。

二樓掛了和多位女性傳出緋聞的昭和美人畫大師東鄉青兒（和他有關的京都喫茶店「佛蘭索瓦フランソワ」也很有名）的

畫，可說是昭和氣氛滿溢的「純喫茶」。特別是芭非（parfait）的生奶油特別好，連不愛吃甜點的我到了這裡也必定要點這道芭非甜點。

Etoile附近是洋溢昭和氣息的飲食街，最有特色的就數「再看一次草莓白皮書（いちご白書をもういちど）」酒吧，這間店位於進駐多間居酒屋的大樓角落。以一九六〇～一九八〇年代的歌謠曲為中心，老闆收藏了高達三千張唱片，可以向親切的老闆點播你想聽的唱片。從前的海報和照片密密麻麻貼了整店，在彷彿時光旅行的此時此刻，防府的夜已深沉。

▲「純喫茶 Etoile」這道芭非甜點
連不愛吃甜點的人都必點。

▲ 收藏了三千張唱片的酒吧，牆壁上貼滿了海報和照片。

**景點位置 ——**

**防府市立防府図書館** 防府市栄町一丁目５番１号 ルルサス防府３階
**毛利家本邸 / 毛利博物館** 防府市多々良 1-15-1
**喫茶 Etoile** 防府市天神１丁目 3-6
**再看一次草莓白皮書（いちご白書をもう一度）** 防府市天神１丁目 4-25 ニューテンジンビル 5F

Chapter 9

# 第四代臺灣總督 兒玉源太郎的故鄉

周南

周南

## 朗朗上口的《大象》台灣童謠

### 窗・道雄（まど・みちお）

大象，大象，你的鼻子好長呢！
對啊！媽媽的鼻子也很長喲！
——窗・道雄

在中學時代，周南市區被稱為「德山」，後來德山和附近地區合併變成更大的「周南市」，但對我來說還是德山這說法比較習慣。德山比起當時我住的山口市更有都會感，還記得常和當時的男朋友一起到德山的溜冰場和動物園約會。

開頭這篇詩詞的《大象》，在台灣也是大家耳熟能詳的童謠，作詞的詩人是窗・道雄（一九〇九～二〇一四），舊德山町出身。因為

父母工作的關係，他九歲左右被帶到臺灣，就讀臺北工業學校（現在國立臺北科技大學）時開始寫詩。畢業後在臺灣總督府道路港灣課上班，也開始正式創作詩歌和童謠。二次大戰結束後回到日本，在出版社工作一陣子後，決心專心於詩歌、童謠與繪畫工作，發表了許多作品。一九九二年美智子皇后將窗・道雄的作品選輯、翻譯為《動物們》一書，在美國出版，一九九四年窗・道雄獲得有兒童文學諾貝爾獎之稱的「國際安徒生兒童文學獎」，也是第一個獲得這個獎項的日本人。在二〇一四年以一百零四歲高齡去世以前，他始終不懈的積極創作。故鄉周南市的德山動物園在非洲象瑪莉（二〇一二年去世）的旁邊，立了窗・道雄的詩歌碑。

周南

## 兒玉源太郎
# 兒玉神社與台北南昌公園

第四代臺灣總督兒玉源太郎（一八五二～一九〇六）也出生在「德山」，是長州藩支藩「德山藩」中級武士的家庭出身。他小時候父親早逝，由姊夫撫養，但姊夫也在源太郎十三歲時，因德山藩內亂受害而死，房子被沒收，據說少年源太郎的生活非常困苦。

因第二任臺灣總督桂太郎（參照P.169）的任命，兒玉源太郎帶上得力助手——甲午戰爭後在檢疫工作上充分發揮才幹的後藤新平，一起到臺灣赴任，是第四任總督。他們先了解臺灣社會的舊制度和慣習，改革了經濟和基礎建設，也改善了有損臺人生活的吸鴉片惡習。正當此時，山陽小野田出身的「臺灣鐵道之父」長谷川謹介（參照P.216）也鋪設了結合臺灣南北的鐵路系統，那之前甚至還曾經有過「轉賣給法國吧」的說法，然而就在這「兒玉．後藤時代」，日本的臺灣經營終於上了軌道。

現在的臺北捷運古亭站南昌公園周邊，日本時代是「兒玉町」。

南昌公園當時是兒玉別墅「南菜園」，除了日本式的宅第，還有池塘、田地和藤花架。兒玉喜歡的藤花在他去世五十年以後依舊綻放淡紫色的花朵，戰後住在南菜園的中華民國第六任副總統謝東閔胞弟謝敏初的書裡曾提到這事。

臺灣總督任內，兒玉也身兼中央官僚，被各任內閣重用，歷任了各大臣職，日俄戰爭時還兼滿州軍總參謀長。司馬遼太郎的小說《坂上之雲》，更加確立了兒玉在旅順戰中留下大功的名將形象。結束臺灣總督工作的那年，在自宅因腦溢血暴斃。（寫到這裡，發現這就是現代人所說的「過勞死」。）

▲ 第四代臺灣總督兒玉源太郎

◀ 李登輝前總統的紀念語。

▲ 後藤新平致贈兒玉源太郎的石碑。

▲ 兒玉神社的兒玉銅像石碑，是用國立台灣博物館二樓的兒玉像翻模的。

在兒玉的故鄉周南市，他出生的老家已經變成公園，也蓋了紀念碑。在兒玉家故宅的土地上，一九二三年建了兒玉神社。不僅用觀音山的石頭刻上李登輝前總統的紀念語「浩氣長存」，還設了鐫刻後藤新平致贈兒玉的「德足以懷遠」的石碑。其他像是用國立臺灣博物館二樓的兒玉像翻模的兒玉銅像等等，兒玉神社呈現了像是「臺灣祭」一樣的樣貌，甚至兒玉神社的御守上還有中華民國的國花梅花。隔開神社社境和道路的則是一九二五年從臺灣帶去種植的「臺灣五葉松」。在二戰後期的空襲中奇蹟般留下來，現在已經是超過九十歲的大樹，守護著兒玉神社（鎌倉江之島也有另一個兒玉神社）。

周南

## 漢陽寺
# 一次感受六個時代的庭園美學

炎暑極頂，蟬，通透一人。
——山頭火

從周南市街往日本海開車開一會兒，就會看到石州瓦的紅屋頂在眼前慢慢的增加，我們朝向山口縣周南市鹿野的「漢陽寺」前進。一三四七年開山，漢陽寺是歷史悠久的寺廟。下車時，如時雨降下般的蟬聲拂面。盛夏的高溫令人難耐，像是關不緊的水龍頭讓我滿頭大汗。在漢陽寺參訪結束後休息時，現任住職夫人杉村妙子女士端

▲「漢陽寺」的庭園。

◀ ▲ 山口縣周南市鹿野的「漢陽寺」，其中六個庭園都選用山口縣當地的石頭。

出的「鹿野茶」冷茶彷如與水琴窟共鳴，經過喉嚨，汗水突然就乾了。烘焙的芳香如涼透西瓜般的沁涼芳醇，真是不可思議的茶，是這附近的名產「鹿野茶」。

說到「鹿野」，一般馬上會想到一樣是茶產地的臺東鹿野，不過山口縣的鹿野茶，原本是漢陽寺開山的「用堂明機禪師」在唐土中國修行時，從有名的龍井茶產地杭州帶回的茶種。摘取的茶葉在當日就以茶釜焙煎，跟龍井茶同樣的製法，聽說鹿野代代相傳的製茶法完全承襲了初代的做法。

我覺得好喝，不只是因為由美麗佳人為我泡茶的緣故。住職的母親定期在廚房將茶葉慢慢的、慢慢的焙煎（要花上大半天），聽說煎法也有秘訣。

「我還得花上很久時間才能像婆婆那樣焙煎出美味的茶吧！」妙子女士微笑著說。既重視傳統，又能讓人感到摩登的日式亭園所圍繞的莊嚴本堂，是樹齡超過二〇〇〇年的臺灣檜木所製。上任住持喜歡營造庭園，一九七三年完成的庭園，創作者是重森三玲，是昭和時代的日本園藝師，也是研究者。

六個庭園各自放入了平安、鎌倉、桃山等不同時代的庭園樣式，能充分感受到滿滿的重森美

▲ ▶ 不同時代的
日式庭園。

學，但在每一個庭園都感覺到的親切感，是因為選用的石頭的緣故嗎？山口防府市大道往東走，磷峋尖銳的山很多，漢陽寺庭院裡的石頭，就像是山口東部的山形地勢。重森三玲認為「庭園的石頭就應該使用當地的東西」，所以一聽到縣內哪裡有好石頭或是因為颱風哪裡有大石堵住路，住持就會急急奔赴去看石頭。中庭七座石頭像是追趕跑跳碰一樣，這裡被命名為「地藏遊化之庭」。

推薦漢陽寺給我的是周南市出身的紀錄片導演酒井充子。以臺東為舞臺的紀錄片《臺灣萬歲》（二〇一七年上映），是臺灣日語世代人們的紀錄，接在《臺灣人生》（二〇〇九年）與《臺灣アイデンティティー》（二〇一三年）之後，是酒井充子臺灣三

▲ 台東縣延平《臺灣萬歲》的攝影風景。（圖片提供／《臺灣萬歲》）

部曲的壓軸之作。她還拍了歸化日本的臺灣建築大師的生平《開拓天空－建築家・郭茂林》（二〇一三年）等片，和臺灣關係匪淺的酒井導演最近努力架起故鄉周南和她最愛的臺東友誼橋樑。為了寫這本書和酒井導演聯絡時，她的回信裡有一句話：「過了四十歲，我也越來越感受到故鄉的重要了。」我非常能認同酒井導演的心情，同時也被深深激勵了。

周南

## 工業區夜景
# 閃閃發光的工廠夜景

從鹿野回到周南市區時天已經暗了。一九一八年日本曹達工業（現・トクヤマ）成立，尤其戰後一九五〇年代很多重工業的化學工業將據點設在這裡，使周南成為繁榮的工業區。周南另以一景聞名，是近年的熱門話題，也就是觀光勝地「工廠夜景」。從周南市內的許多景點中，我決定去依然保留了明治時代燈塔的「晴海親水公園」。

一九六〇年代在日本全國工業地區都出現了空氣污染和水污染等嚴重的公害問題，周南也無法置身事外。在那之後，政府頒布了嚴厲的環境保護政策，因為企業各自努力，現在瀨戶內海工業區的空氣和水質都改善很多。這是我本來就知道的，但真來這裡看到眼前的工廠夜景，才更能深刻的體會。怎麼說呢？在仲夏夜，閃閃發光的大大小小工廠夜景上，許多星星眨著眼。這夜景完全打破了所謂自然與人工之美不相容的偏見。

因二戰激烈空襲而被燒毀的石燈塔後方，船隻緩慢的通過。燈塔上是北斗七星，再過不久滿月即將輝映。傳說在飛鳥時代，西元六百年左右，朝鮮百濟王家的末裔大內氏始祖來到山口之際，在周南東邊的「下松」某棵松樹邊大星垂墜，七日間大放光明昭示了王子的駕到。和這一起東渡日本的是祭祀北斗七星的「妙見信仰」。

工業區夜景、船、燈塔、月亮、北斗七星。

從飛鳥時代，大內氏的室町期，經過明治時代到昭和時期，人類登陸月球，現在人類還想涉足到更遠的星體。

我腦內上演著壯麗的故事。

宛如觀賞「星際故事」般的，周南工廠夜景。

▲ 獨特的工廠夜景已成為觀光景點。

**景點位置 ——**

**周南市徳山動物園** 周南市徳山 5846
**兒玉神社** 周南市児玉町 1-4
**漢陽寺** 周南市大字鹿野上大地庵 2872

Chapter 10

# 日立製鐵道車輛的製造重鎮

下松

下松

日立製作所笠戶事業所

# 台灣高鐵和台鐵太魯閣號的出生地

和周南市合稱為「德山下松港」的下松市是擁有全球規模的重要港口。其實現在奔馳在台灣西部的高鐵日立製車輛和台鐵太魯閣號，它們的故鄉就在下松。

一九一五年出生於萩的實業家久原房之介（參照P.248頁）和兄長田原市郎一起成立了「日本汽船」，一九一七年在下松設置了「日本汽船笠戶造船所」，一九二一年改制為「日立製作所笠戶事業所」。從一九二一年創立以來，不管是行駛在台灣鐵道

HITACHI

上的蒸汽火車（E500／E800／D51）或最新銳的新幹線，日立製的鐵道車輛都是在這裡誕生的，想到這點就不禁感慨。我的名字「ひかり（光）」的取名，就是因為我出生的前一年，連結東京到九州博多的夢幻超特急「ひかり（光）號」開始行駛的緣故，因此我對新幹線有股特別的感情。

臺灣高鐵的車輛是由日立製作所、川崎重工和日本車輛三間公司合作製造的。歐洲顧問本來屬意法國和德國製作車輛，而最後製作車輛是日本得標。我拜訪了日立製作所笠戶事業所，從參與臺灣高鐵製造輸出的「笠戶調達部」（負責資材籌辦與採購的部門）的坂田聰先生和車輛品質保證部的藤井隆太先生那邊聽到了不少秘辛。

二〇〇二年開始準備設計高鐵，二〇〇三～二〇〇四年進入設計過程。製造階段的笠戶事業所，設計隊伍有五人，每個「編制」有十位檢查員負責檢查。出口到臺灣高鐵的特色是有長長的尖嘴，像鴨嘴獸一樣的「700T系」車型。700T系在日本的行駛速度是時速兩百八十五公里，但臺灣高鐵要求時速三百公里。因應這個要求，原來700T系的鼻子的部分，川崎重工把它改得更流線更加滑順，那就是現在在臺灣行駛的高鐵。原來如此，我感覺臺灣高鐵的「臉」長得跟日本新幹線不太一樣呢，是這麼一回事啊！

一開始日立製作所擔心的是臺灣南部的熱帶氣候，他們調查氣象資料驗證後，發現在冷熱溫差和溼度差異上，往東西南北四個方向細長開展的日本，是更難纏的環境。只是臺灣高鐵的路線離海很近，鹽害也令人擔心，為此他們費了很多苦心，因為沒有DoctorYellow（檢查線路是否異常的定檢車輛，車身是黃色），所以在編制上加上附檢查感知器的車輛，即使普通行駛中也能隨時對應檢查。

製造完成的高鐵車輛全用海運運送。最早運送的臺灣高鐵是二〇〇四年五月底。從日立的中央棧橋運送到神戶港，裝到大船裡往臺灣前進，在高雄港卸貨。到臺灣是半夜，梅雨未停，只好在雨中進行搬入作業。而且，搬進去後，高雄燕巢總機廠尚未完工，在沒空調的酷熱作業工廠工作非常辛苦。那時正是SARS疫情猛烈，其他日本公司陸續從臺灣撤回的時候。

開始試運轉後，也發生了許多意外。臺灣很多池沼與河川，水鳥很多。在那之前，沒有電車以時速三百公里的高速前進，一開始很多鳥類避不開，直接撞上高鐵車廂，一發生這種事就得修理車體。還好鳥類擁有高度的學習能力，現在已經完全習慣高鐵了，一開始不知道它們多驚訝啊！

下松

## 下松市栽培漁業中心／國民宿舍・大城

# 守護虎河豚魚苗的貓職員

日立製作所笠戶事業所的對岸，是笠戶島。聽說穿過這道紅色的橋，有在海上工作的貓咪，所以我也去拜訪牠們。

「動物職員海上部」的小琪和哆啦美是貓母女。養殖比目魚的漁夫們因為常坐著小船帶著貓到海上的養殖箱上，曾幾何時「海貓」們就在養殖箱住下了。一九八三年開張的「下松市栽培漁業中心」也繼續照顧那些貓咪。這個漁業中心，除了比目魚養殖以

▲ 笠戶大橋和海上的養殖箱。

外，也進行虎河豚的試驗養殖和養殖技術的開發。生活在虎河豚的養殖箱上，從鳥類口中守護虎河豚魚苗的就是這些「動物職員」。牠們的食物也不只是寵物飼料，是自食其力的工作薪水，是真正用工作養活自己的職員。也許是這緣故，看牠們在養殖箱上，都一副自信凜然的模樣。

一開始朝日新聞的報導提到這兩隻動物職員，後來漸漸有雜誌前往取材，但一炮打響貓咪們知名度是從牠們二〇一三年登上NHK「世界貓咪散步」而開始的，這個節目由知名動物攝影師岩合光昭氏拍攝並擔任旁白，非常有人氣。尤其是貓媽媽小琪，岩合先生大讚牠是「至今看過的貓咪裡，臉蛋最像貓的，我好喜歡牠。」完全不把海浪當一回事在養殖箱上跳來跳去的兩隻貓咪，聽說岩合先生花了三天追著拍這兩隻貓的照片。

現在小琪已經二十歲，哆啦美也過了十八歲，兩位都已經年紀大退休了，牠們在中心旁邊的房子裡有房間，安穩的過著晚年，看到電視或報導來訪的粉絲實際上也能見到牠們。從小琪和哆啦

◀ 對岸的右手邊就是「日立製作所笠戶事業所」。

美曾經待過的海上圍籠的方向眺望，對面可以看到日立製作所笠戶事業所。那邊立著巨大的起重機，吊著的新幹線被裝載上船搬運出去，是這裡的日常風景。

「臺灣新幹線？有看過！是車身上有橘線的車輛對吧！」所長久山裕司先生這樣回答我。在對岸，我想像起乘上船緩緩滑過水面的臺灣高鐵，海上職員小琪和哆啦美一定也看到了吧！

往下看腳邊的海水，很意外的十分清澈，可以直接看得到深處。向久山所長一說，他告訴我：「從前因為工業區排出的廢水，這裡的海水污染很嚴重，但最近企業的環境保護政策進步了，排水和排煙的問題也少了。反而現在瀨戶內海變得太乾淨，浮游生物減少了，漁獲量也因此減少，這是現在瀨戶內漁業的問題呢！」

我想起昨晚看到的周南工業區夜景上閃耀的星空。工業區的空氣變好了，海也變乾淨了。可是漁夫們反而很苦惱，這實在是有點反諷。人們認為的好事，常常招致不同的結果，真的是意想不到呢！

動物職員海上部被報導以後，日本全國愛貓人士打來抗議電話，他們抗議「那不是虐待嗎？」完全沒預想到的嚴厲指責加上「這是不是虐待呢？」的質疑，照顧動物們的中心職員荒川典子說那時

▲ 小琪退休後住在中心旁的屋內。

◀ 小琪年輕時在海上養殖箱工作的樣貌。（圖片提供／荒川典子）

◀ 從房間遠眺瀨戶內海諸島的黃昏風景。

真的很苦惱。但是貓咪們常去的動物醫院的醫生告訴她：「如果貓咪們覺得受虐，壓力那麼大的話不會活超過二十歲吧？」這樣的溫暖話語支撐了荒川小姐。現在的中心有五隻動物職員（原海上部 兩隻／陸上部 兩隻／營業部 一隻），溫暖的人類同事都很愛他們，每天動物們過著和平安穩的生活，看起來十分幸福。常常會有客人從全國各地來看動物職員，中心的大家也很期待（不需預約）。

如果去看笠戶島的動物職員，建議當晚一定要住在笠戶島。二〇一六年十一月開幕的國民宿舍「大城」，完全顛覆了我對公營「國民宿舍」的印象，是很棒的宿舍，價錢附餐點一個人大約一萬日圓的合理價位。

大廳裡，放的不是一般的沙發，而是新幹線綠色車廂（商務艙）的座位，供客人臨海眺望；生魚片裡的下松名產「笠戶比目魚」是在海上部職員小琪和哆啦美工作的養殖箱養殖的。這旅館如同再現今天在笠戶度過一整天的精華。食堂是L型面海，窗外正是海景。紫色窗簾緩緩的降在瀨戶內諸島上，黃昏風景也是眼前盛宴。

太陽完全落下，映在瀨戶內海上，陰曆十六夜的明月像是萬葉集裡的景色，我眺望著眼前風光，悠緩的泡在露天溫泉裡，飛機慢慢的劃過月亮的旁邊。

**景點位置 ——**

**日立製作所笠戸事業所**
下松市大字東豊井 794

**下松市栽培漁業中心**
大字笠戸島 456 番地 3

**国民宿舍・大城**
下松市笠戸島 14-1

▲ 下松名產「笠戶比目魚」。

Chapter 11

# 被海包覆的重要港口城鎮

柳井

柳井

## 柳井縞／金魚提燈
# 體驗傳統手工製品

來到這邊，印象就是海上總是風平浪靜。被瀨戶內海溫柔平靜的空氣包覆著，再往東走，就是隔壁的廣島縣和岡山縣了。隔海相對的是四國。柳井的港口，有開往四國愛媛縣松山方向的交通船。和對面九州風情濃厚的下關等西部地方又有不同的趣味。

差不多快近尾聲了，我的山口巡遊之旅。這回我重新感受到的是山陽（瀨戶內側）、山陰（日本海側）、西部、東部，各地區完全不同的空氣，在山口縣裡就

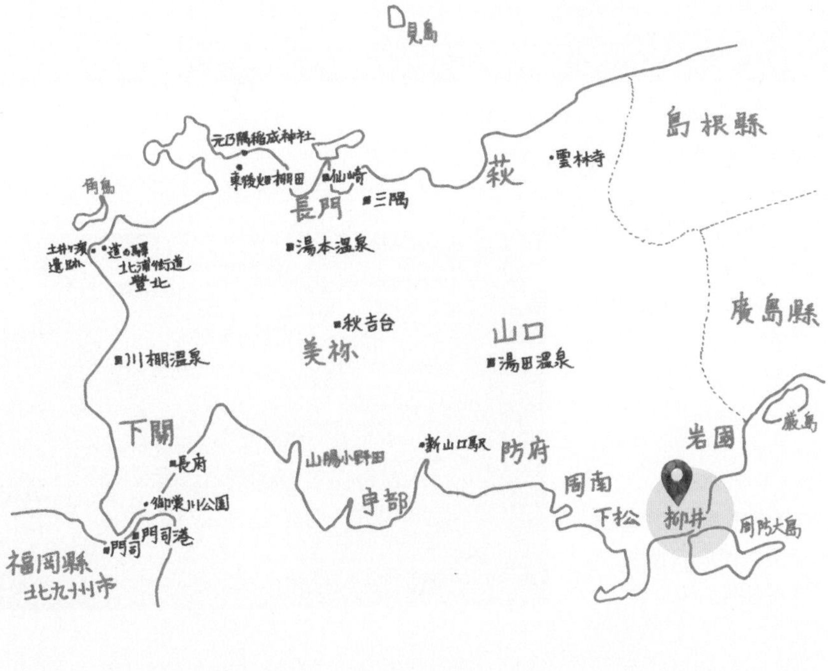

▲ 柳井的街景。

▶ 柳井的傳統織品「柳井縞」。

能翱遊在各種迥然相異的文化裡，這就是山口的有趣之處吧！像橫絲和縱絲編出的織品一般，可以看到很多不同表情。

柳井曾生產過「柳井縞」這種傳統的織品。江戶時代，路上織布機的聲音不絕於耳，但到了大正時期漸趨衰退，終於消失了。最近，以前使用過的織布機重新出土，捐贈給市政府，於是「柳井縞」復活的契機來臨了。復興柳井縞的中心人物是「柳井縞之會」的石田忠男會長，他在織品工廠「柳井織物」工作過，後來當了工匠，很有傳統匠人風範。

「我特地到四國和廣島追尋柳井縞的線索，學到了比較接近當時形式的線的染法和織法。」

在石田先生的「柳井縞之會」主辦的柳井縞體驗工房，可以體驗織造柳井縞的杯墊。（體驗費用三百日圓）

製作時間大概二十分鐘，在縱絲上依序穿過橫絲，織出布來。為了要織出一張布，必須用掉很多的絲線，線也要染色，還有種植絲線綿花原料的人。經過許多人的手創造出來的縱橫絲線是共鳴的交響樂，再搭配上設計，終於得以完成顏色複雜的織品。

聽著「咔踏咔踏」輕快的聲音，因為編織，其他的事物都從腦海裡暫時消失了。做好的布既樸素又美麗堅韌，上面呈現了多種複雜的圖樣。織品這種東西，就像許多人的故事組合的來時路。

能體驗柳井縞製程的「柳井西藏（やない西蔵）」，還有另一項有名的 DIY 體驗——柳井傳統工藝「金魚提燈」。現在算起來大概一百五十年前，從青森「睡魔祭（ねぶた）」得到的靈感，用柳井縞的染料製作，慢慢改良終於做成了現在的「金魚提燈」樣式。用墨水和筆描繪輕浮表情的金魚提燈，大概三十分鐘能做好。每年夏天舉辦好幾次的柳井金魚提燈祭裡也會出現大隻的金魚「睡魔」。

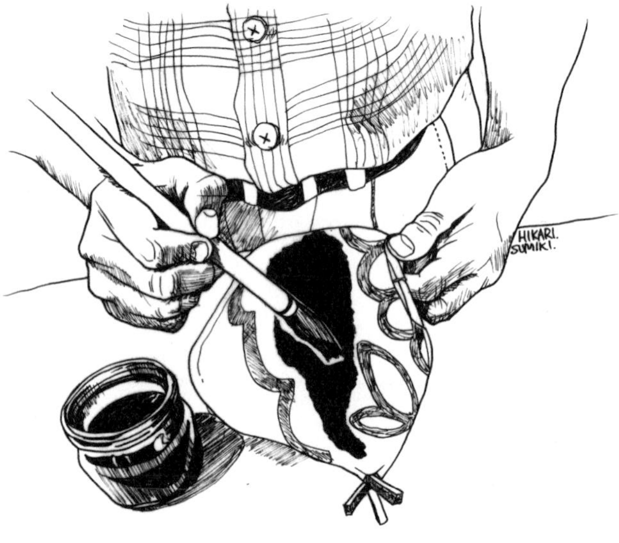

▲在「柳井西藏」可以體驗「金魚提燈」DIY。

走出工房，室外不正是柳井的夏日風物詩嗎？金魚燈籠正為白壁連綿的柳井添了顏色。在四百年前左右，柳井本來是大內氏的軍港，江戶時代位於下關、廣島和尾道之間，是一個繁榮的小都市。特產是木綿、醬油和油。剛才說到能實際體驗柳井縞和金魚提燈的「柳井西藏」的對面，是老店醬油工廠「佐川醬油店」，名物「甘露醬油」是把釀了兩年的醬油再醱酵兩年的特製豪華醬油，這種「二次釀」的手法也是發源於柳井。

當時柳井賣燈籠油「菜種油」的店特別多，因此街道很注意防火。精巧而保存良好的白壁街道

◀▲金魚燈籠正為白壁連綿的柳井添了顏色，「柳井西藏」的對面，是老店醬油工廠「佐川醬油店」。

上，為了防止火災延燒，到處都可看到相應的精心設計。這裡的海港因為水深僅五米，發展有限，但也因此在二戰時沒受到空襲的災害，保存了往昔的街道風景。

從柳井往四國，在對岸的愛媛松山去世的漂泊詩人山頭火，在柳井曾詠一徘句。是他在交情深厚的書店老闆藤田文友家住宿一夜，出發前收到便當和新毛巾時所做。

重為旅人，新毛巾一枚。

——山頭火

◀「南瀨戶陽光渡假飯店」的沙灘。

柳井

周防大島／南瀨戶陽光度假飯店／日本夏威夷移民資料館／宮本常一

# 瀨戶內的夏威夷

從柳井過橋，就到了被稱為「瀨戶內海的夏威夷」周防大島。由閃爍的陽光和美麗的海岸線包覆的島嶼很流行草裙舞，夏威夷料理的餐廳也很多。人氣「南瀨戶陽光度假飯店」每年夏天都會舉辦真正的草裙舞大會，一到星期六客房全滿。海灘上椰子樹搖曳著葉子，享受郵輪或潛水的樂趣，還能接觸到多種海洋生態（像是海豚類的「江豚」和世界最大的日本粟珊瑚群礁），周防大島是瀨戶內海極受歡迎的度假島嶼。

即使是這樣，但，「夏威夷」是不是有點太誇張了呢？

實際上，我承認第一次聽到的時候也是這麼想。但是周防大島會有「夏威夷」的別名，更大的原因。是因為周防大島在明治時期有很多人移民到夏威夷。

明治初期，夏威夷政府希望日本政府能派遣甘蔗種植人員到夏威夷，在政府主導下，山口組織了大規模的夏威夷移民團。首次的日本移民有九百四十四人，其中三分之

▶「夏威夷移民資料館」，裡面有詳細的歷史移民資料和照片的展示，圖中左前方為提基神像（Tiki）。

一是周防大島居民。當時外交部長是山口出身的井上馨，優先讓災害不斷且陷入饑饉的周防大島居民移民。之後還有人陸續從島上移民到夏威夷，人數上升約至四千人。周防大島出身人士最多的可愛島（Kauai），一九五六年和周防大島結為姐妹島。

我走訪了「夏威夷移民資料館」，關於當時移民的經緯生活，裡面有詳細的資料和照片展示。眼下牧歌式農村風景，純和風建築的旁邊，坐著夏威夷的提基神像（Tiki），乍看是不可思議的地方。建築物是移民到美國加州，衣錦還鄉以後的福元長右衛門氏遺族所捐贈的。室內使用了福元氏特地到臺灣找到的黑柿木，是豪華的古民宅。

一進到裡面，會聽到又哀切又有點懷念的歌曲。「拔草歌（ホレホレ節）」，是移民夏威夷的人們在勞動時唱的民謠，相當於非裔美國人的「藍調」。「ホレホレ」的意思是拔甘蔗枯草的工作，主旋律據說本來是占了夏威夷移民大宗的廣島和山口的船歌。編號取代了姓名，在嚴酷的勞動條件下，在甘蔗田工作的生活，這裡留下了很多資料。第一個移民到秘魯的男性穿著的「羽織袴」也掛在這裡。那是日本人最高級的正式服裝，遙遙到了日本的另一端，想像他們的心情，眼眶為之一熱。尤其很多山口縣民渡海而至的秘魯，環境非常惡劣，許多人因為疾病和過勞而死。

這次的山口旅行和這些人事物相遇，那是現代日本人已經忘記的「記憶」。現在日本也有很多外國勞工，但從前日本是處於相反的立場，這事實卻很少被意識到。

「故鄉，教導了我看事情的方法、思考方式以及行動的方法。」

「從鄉里看廣大的世界，看瞬息萬變的世界，思考許多的問題。對像我這樣背景的人來說，除此之外，沒有能讓自己接受的看待事物的方法。離開鄉土也無法培養固定的看法和觀點。」

▶ 第一位移民到秘魯的日本男性所穿著的「羽織袴」。

▲ 移民們帶回的夏威夷畫作。

以上說法，是生於周防大島，日本的重要民俗學者——宮本常一（一九〇七～一九八一）所說。

我在臺北山口縣民會認識的三井治先生，是派駐到臺北的日本人，周防大島出身。點入三井先生的FB封面照片是從海上回望周防大島的景色。看得出三井先生對鄉土的愛。

三井先生的曾祖父移民到夏威夷，現在歐胡島上還住了很多親威。移民生活一開始，曾祖父也在甘蔗田工作，苦學後得到藥劑師執照，創業成功以後還到廣島開了分店。其間和柳井出身的日本女性結婚，在夏威夷生了三男四女。三井先生的祖母初枝女士是長女。

從夏威夷移居廣島、從女學校畢業、和周防大島人結婚的初枝女士，早上叫三井先生起床時是用英文「Wake Up」。

「Help指的是母親在做地瓜粥（島上的鄉土料理）時，在旁邊切地瓜，叔叔這樣教過我」三井先生說。

周防大島的日常生活裡，很多都不是為了觀光活動勉強造做出來的，真正的「夏威夷」還活在那裡。如三井先生兒時經常吃的地瓜粥，混合了地瓜與米飯一般，真正融合了周防大島和夏威夷的故事。

三井先生的曾祖父戰前在廣島開公司，因為原爆幾乎失去了全部財產。初枝女士的兄弟中也有數人戰死，三十九歲喪夫的初枝女士，後來在周防大島一手撫養兩個小孩念到大學。

「應該是相當辛苦啊！但祖母從來不發牢騷」，三井先生這樣回想。二〇一四年，一百歲的初枝女士得到總理大臣的表彰獎狀，整個家族都為她慶祝，三個月後她離開了人世。

聽說臨終前她一口氣吃掉了一整塊牛排。

**景點位置——**

**柳井西蔵** 柳井市柳井3700-8
**佐川醬油店** 柳井市柳井3708-1
**南瀨戶陽光度假飯店（サンシャインサザンセト）** 下大島郡周防大島町平野片添ヶ浜
**日本夏威夷移民資料館** 大島郡周防大島町西屋代2144

# Chapter 12

# 地景與人文都豐富的山城

岩國

岩國

# いろり山賊／重田榮治／錦帶橋／岩國白蛇館／岩国城
# 像忍者住宅般的居酒屋

山正焚燒著。

這麼說完全不誇張。像發生了森林火災般，晚上也像白天一樣亮晃晃。境內六千坪的土地上大大的旗子隨風飄搖，無數的燈籠發著光，瀑布奔流，水車迴轉，敲著太鼓的人偶，建築物裡古董珍玩密密的擺放，一連幾天都因祭典而瘋狂騷動，有如《神隱少女》的世界般。岩國山裡的「いろり山賊」，是電視上經常介紹的山口縣名餐廳。我訪問了第三代的高橋社長。

「いろり山賊」的前身是

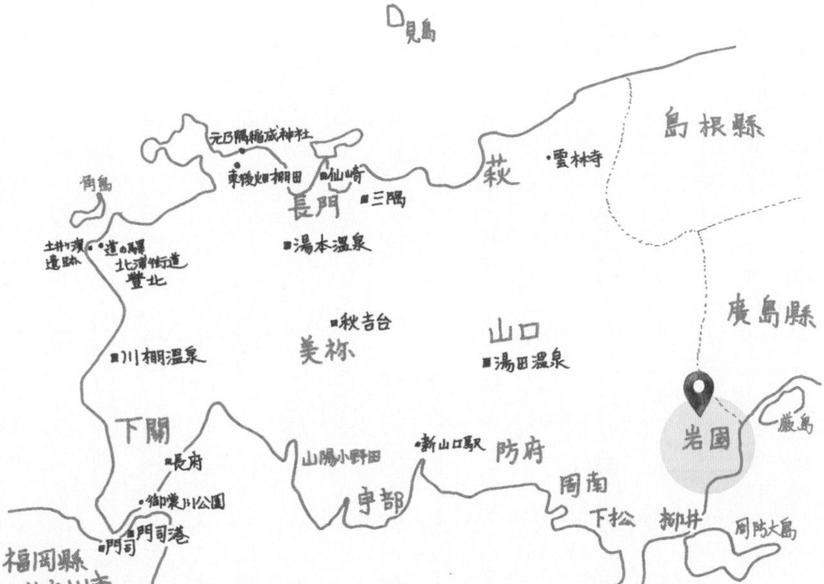

一九五一年創業的居酒屋「的場大學」，本來位於廣島市內。像忍者住宅般的獨特裝潢與合理的價格，當時就已大受好評，幾乎天天爆滿，也是廣島的名店。但是碰到高度經濟成長期，瀨戶內海污染嚴重，好食材在廣島也很難入手。要做出品質更好的料理，得創造更有趣的店面。在這樣的想法下，第一代社長決心到食材更豐富的山口縣開業，於是買下餐廳現址的土地，昭和四十六年（一九七一年）開了「いろり山賊」。

店鋪的概念是「哪兒都沒有的東西」，如果能別開生面的話，客人們一定會由全國各地過來參觀。之後陸續蓋了許多將日本木造建築的各種工法拼湊於一的房子，聽說因為第一代社長太過勉強的要求，工匠們常常生

▶ 岩國山裡的有名餐廳「いろり山賊」。

氣。也拜託過製作京都祇園祭象徵「長刀鉾」的職人到山口，製作了像是長刀鉾的花車。每年大概能賺十二億日圓，但裡面有九億是用來還債的。多虧了第一代社長「就算這樣，我還是要做下去喔！」的精神，第二代社長，現任高橋社長的父親則擅長理財，很會計劃。他最先導入了電腦，做了現在山口縣三家「いろり山賊」的經營平台。也買了大型印表機，巨大的看板和人偶等全部都是手做，節省了大量經費，這是第二代社長。

現任社長高橋先生，是自己會穿上武士服打太鼓、思考活動企劃的實踐派。最受歡迎的料理是創業時就有的「山賊燒」加上巨大的「山賊飯團」。我推薦的是只有在這裡才吃得到的品牌牛肉「皇牛（すめらうし）」，是岩國的品牌牛「高森牛」和天然紀念物「見島牛」（參照P.180）混種的。從平民化的燒肉到真正的牛排，這裡都能享用到。像沒有絲毫筋的最高級鮪魚刺身的菲力牛排，一口咬下去，肉香在齒頰間溢出，真讓人陶醉。

接下來把視線轉向店裡環視一圈，簡直像夢一般，有時心臟砰砰的跳著，有時又引人大笑，加上口中的肉也很美味，感官實在是太忙了。那種忙碌感像是什麼呢？啊！想起來了，小時候萬分期待的「祭典之夜」的心情。這也想吃那也想吃，不想錯過任何有趣的東西。第一代社長夢想的「哪兒都沒有，只有這裡有」的東西，是大人們長期以來已經忘卻的童心吧！

▲ 餐廳內的陳設宛如《神隱少女》的世界。

岩國

## 重田榮治

# 創立台灣第一間百貨公司

說到夢，第一次走進百貨公司，一定以為自己在做夢吧！臺灣第一間百貨公司「菊元百貨店」，一九三二年十二月三日在臺北市榮町（現在臺北市衡陽路與博愛路口）開業，比臺南林百貨早三天。菊元百貨老闆重田榮治一八七七年生於山口縣岩國。二十六歲來臺，在臺北大平町（現在延平北路附近）開始吳服店事業，用教導自己做生意的菊元一郎的名字為店舖取名「菊元商行」，是菊元百貨店的前身，當時是全臺僅次於總督府的六層樓建築，聽說很多客人為了看電梯小姐特地來到菊元。現在這棟建築被指定為臺北市歷史建築。

岩國

## 錦帶橋
# 世界上極為珍貴的木造五連橋

那麼，說到岩國的話不能不說錦帶橋。錦帶橋是世界上極為珍貴的木造五連橋，正中間是拱型，左右則是弓型。江戶時代長州藩的支藩，岩國藩的藩主吉川氏，想在街區和岩國城間的錦川上造橋，但一造橋就馬上被沖走，再造了以後還是一樣，不懈築橋到了第二十年，一六七三年，終於完成了拱型的橋樑。

「不到橋的下方看看，就不能說是看過錦帶橋喲。」

導覽的竹本先生賣力的說。到橋下面往上一看，便能明白確實是相當複雜的結構。長方形大大小小的木材一點點弓成拱形，就像是美麗木頭拼造的工藝品。木頭組合處的窪槽裡，有燕子築了巢，在錦帶橋擁有自己的家可真是豪華。

◀ ▲ 錦帶橋是世界上極為珍貴的木造五連橋，正中間是拱型，左右則是弓型。

岩國

## 岩國白蛇館
# 與世界上珍稀的白蛇近距離接觸

從錦帶橋過橋往岩國城山邊走，武家宅邸林立的「吉香公園」裡，有一間「白蛇館（シロヘビの館）」和錦帶橋並列。世界上非常珍稀的白蛇是日本國家指定的天然紀念物。白蛇是錦蛇的白子，江戶時代因為被視為「神明使者」，受到很好的保護，數量也增加了。現在市內設有五個養育設施，大概養了一千隻左右，能參觀的只有「白蛇館」和市內的「岩國白蛇神社」。

彎曲柔滑的白色皮膚，讓人看到目不轉睛。從白蛇的嘴巴伸出的兩股舌頭，看來像火焰般閃爍。蛇

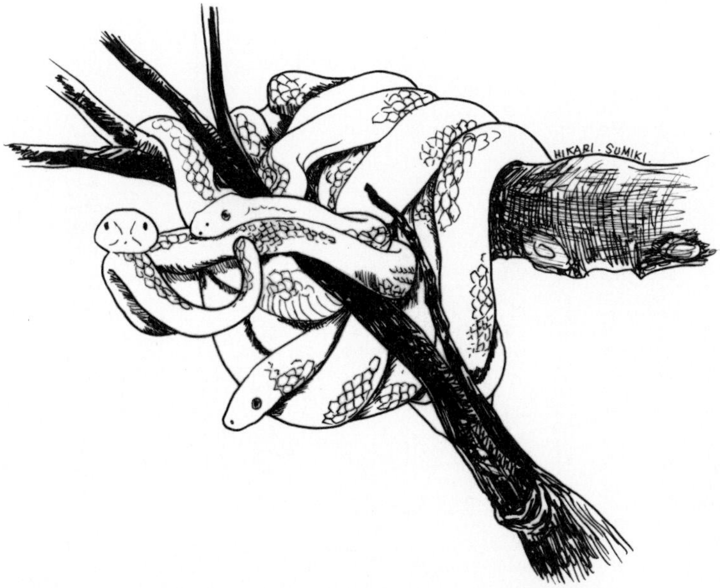

的眼睛看不見，但是可以從舌頭裡的鋤鼻器收集氣味判斷狀況。特產區裡有各式各樣的白蛇商品，特別的是放入了白蛇蛻皮的御守。在日本，自古就有在錢包裡放蛇皮可以提高金錢運的說法，同樣是蛇，但白蛇的蛇皮感覺就特別靈驗，真是讓人期待。

▲ 放了白蛇皮的御守據説金錢運特別靈驗。

岩國

## 岩國城
## 坐覽如詩如畫的城市全貌

從白蛇館往山的方向走，坐上纜車。目標是山頂的「岩國城」（一九六二年重建）。西元一六〇〇年的關原之戰被稱為決定天下大勢的戰爭，敗北的毛利一族中的吉川氏，在一六〇八年建的城池就是岩國城。這裡非常不便啊！我問了導覽的竹本先生「藩主大人真的住在這裡嗎？」果然他沒有實際住在這裡。築城是關原之戰結束後馬上開始的，他說：「如果戰事再起，這裡是最好的制高點」。吉川的大人啊！肯定因關原之戰的失敗而相當挫折啊！

▲「坐上纜車，岩國美景一覽無遺。
▶「穴太積」和織田信長建造的「安土城」一樣，是顧慮到堅固性的石牆建築法。

坐上纜車，哇！身體在搖晃，望著望著錦帶橋也變小了，岩國市區全貌盡收眼底。從纜車下來，沿著石牆稍微爬了坡道。這裡本來是大內氏時代的神社，石牆也有四百年歷史。

「穴太積」和織田信長建造的「安土城」一樣，採堅固的石牆建築法。到了岩國城以後，我往上爬到天守閣，冬天天氣好的時候，據說可以從這裡看到四國。可以看到剛才經過的錦帶橋變得小小的，錦帶橋橫跨的錦川也彎彎曲曲像蛇一樣蜷曲，再往遠處的沿海地區有美軍基地。一九五〇年韓戰開打時，這裡是主要的機場。未來神奈川厚木基地美軍航空隊的一部分將遷移至此，如此一來，這裡就成了美軍在太平洋東方最大的基地，這是離朝鮮半島和亞洲大陸最近的山口縣的宿命吧。「欲論人事，先知地理」，我想起吉田松陰的這句話。

出了城以後，暗雲密布的天空突然下起大雨。我們急著走向纜車搭乘處，但到了那裡，卻發現因為雷雨雲靠近，因安全考量纜車暫時無法發車。遠處的雲像是螢光燈剛點上時一閃一閃的往這邊接近。像配合著漸強雨勢的節奏，閃電也奔跑在岩國的街上。彷彿是夏日的黃昏，以天空為舞臺為我們演出了一場大秀。等待纜車再度啟動的人們都直直盯著前方。終於雨聲漸斂，雷鳴也慢慢遠離。

聽到纜車職員的廣播：「讓您久等了，我們即將再度發車。」

慢慢地，纜車又動起來了。

▲岩國城。

**景點位置 ——**

**いろり山賊 玖珂店** 岩国市玖珂町 1380-1
**岩國白蛇舘** 岩国市横山 2 丁目 6-52
**岩国城**岩国市横山 3 丁目

Appendix 1
附錄

# 山口縣銘酒

山口地酒巡禮

## 旅行的最後來乾一杯

每年我回山口娘家兩次，回家後一定會先去山口市瑠璃光寺附近的「村田酒店（ムラタ酒店）」。這裡賣了很多山口縣內的當地銘酒，小老闆村田先生曾親身在金澤的酒藏學過製酒，談起日本酒他總是舌燦蓮花，我每每聽從其推薦買回家一試，是返鄉時特別期待的事。

回家路上在山水園（參照P.234）的外湯「翠山之湯」泡個澡，然後在超商買近海捕撈的新鮮生魚片回家。和母親兩人依當天心情選定酒杯，趕快把剛買的酒倒入杯裡，更新彼此半年來的生活，滔滔不絕的聊下去。也許不是眼下，但卻是不知何時會失去的寶貴時光啊！在山口地酒豐美好味的陪伴下，心靈和口舌都欣喜的訴說著「我回來了！」

日本國內喝日本酒的人變少了，酒業界的低迷也非一日之寒。在這樣的情勢下，山口的日本酒卻聲勢看漲，產量連續十年都是增加的。箇中原因有山口縣出身的安倍首相用山口酒接待海外來賓成為話題，臺灣知名度很高的「獺祭」（旭酒造／岩國）和「東洋美人」（澄川酒造／萩）帶動的力量也很大。不過，還有很多原因。例如，縣內很多農家開始努力從事酒米（釀酒的米）的栽植，縣的產業技術中心也推動了強烈影響日本酒滋味的「酵母」開發。不過最重要的是，傳統製酒業請外人擔任「杜氏」（釀酒師），山口這裡卻凡事自己來，在品牌製造上花了許多工夫和努力，終於得以在嚴酷的時代中倖存。此外，也多虧了酒廠老闆們，以及為了要把山口日本酒的魅力傳達給「飲君子」和酒廠一起努力的酒商老闆們的毅力。這次我採訪了山口縣內的六個酒廠，也深刻感覺到因為他們的努力，山口的日本酒在市場上才有今日的成功。

## 岩崎酒造／萩市「長陽福娘」

# 微發泡的生酒，口感令人驚喜

「長陽福娘」於一九〇一年（明治三十四年）創業。

萩城商店街裡的酒廠。第五代岩崎老闆在被譽為「名杜氏」的南野清美先生門下學習，他做的酒是用萩的軟水釀出，甜味較強。基本上這裡使用山口產的米和山口產酵母。是我很愛的品牌，尤其是活用酵母的微發泡生酒，不管何時飲用都會非常驚喜。

永山本家酒造場／宇部市「貴」

## 礦物質多的高評價酒

永山兄弟合作的酒造老店。擔任杜氏的弟弟永山貴博先生在二十歲時回到老家開始釀酒，從歐美自然派紅酒酒區得到靈感，哥哥將之先生除了負責業務，也種植酒米。用的是秋吉台系礦物質較強，味道實在的水。他們釀的日本酒和料理非常相宜，在東京的餐廳評價也很高。

## はつもみぢ／周南市「原田」

## 四季釀造的新鮮味道

一八一九（江戶時期）創業，現任原田社長是第十二代，他跟「貴」的永山先生學造酒，擔任杜氏。做的是完全不加釀造酒精的「純米酒」。一般來說日本酒業界是在冬天出新酒，由於「原田」是「四季釀造」，終年新鮮的味道是其魅力所在。

## 山縣本店／周南市「香鶴（かほり鶴）」「毛利公」

## **獲得多次獎項的國際酒品牌**

「香鶴」「毛利公」於一八七五年（明治八年）創業，得到多次全國性獎項，是使用當地專屬契約農家的米。二十一年前開始把酒賣到美國，是擁有國際通路的酒廠。

中島屋酒造場／周南市「兼中カネナカ」

## 常溫下兩年的熟成酒

一八二三年創業。酒藏附近是以銘水聞名的地區。現任社長在全國也算先鋒期的「酒廠杜氏」（由酒廠老闆自己擔任杜氏），是擁有先見之明的酒廠，出產很多特別的酒，像是放在常溫下兩年的熟成酒等。最近常常參加臺北的日本酒活動，也著力於對臺灣的宣傳。

## 旭酒造／岩國市「獺祭」
# 代表日本的世界級日本酒品牌

現在已經成為代表日本的世界級日本酒品牌——獺祭。這間山裡的酒廠覺察到，只靠當地通路將碰到瓶頸，很早就開始對東京、大阪進行推廣業務。為了提供新鮮又穩定的味道，製酒過程大多已自動化。外界有人批評是「像工業製品一樣的造酒方式」，但實際上到酒藏參觀，就會發現這裡的製酒程序，並不是如外界所想的「工業」製品，大部分製程必須透過專業人士的判斷才能進行，在獺祭酒廠能感受到企業的努力，很值得參觀。（需預約 http://www.asahishuzo.ne.jp/calendar2017/）

其他的酒，個人推薦的品牌還有五橋（酒井酒造／岩国市）、雁木（八百新酒造／岩国市）、長門峽（岡崎酒造場／萩市）等。一九七〇年代，山口縣內還有一百四十間酒廠，現在殘存的僅有二十間前後。只有一成倖存，但現在的酒廠每間都非常有個性且非常強韌，對釀酒事業，也心懷大志。

「酒不喜歡離開所屬的土地。」

這是吉田茂前首相之子，打從心底愛著酒的昭和著名文學家，吉田健一的名言。話雖這麼說，現在因為流通環境的進步，很多日本酒在品質無傷的狀況下也能出口到海外了，尤其許多酒廠著眼於臺灣，有名的「獺祭」自不待言，這裡介紹的許多品牌在臺灣也能喝到。只是比起在日本喝，價錢更貴，而且像是只有當地能喝到的「生酒」，充分發揮了酵母的鮮活滋味，那種新鮮美味，只有唇舌能享受，卻是言語或筆墨都表達不出來的。

拿到這本書的您，請務必造訪山口縣，若您能充分享受山口的山海好味道，那麼身為山口人的我也會感到十分幸福。

二〇一七年十二月一日

栖来光

# Appendix 2 附錄

# 山口祭典時間

下関

## 海峡祭／源平船合戰

**地點** 下関市関門海峡
**時間** 五月初

這是下關一年一度盛大的祭典。為了祭祀被安葬於赤間神宮的早夭安德天皇，這一天穿著古代武士服裝的隊伍會在神社前遊行。而另一個重頭戲就是盛裝在海上遊行，以紀念當年源平船交戰的海上雄風。

**詳情請連結**
www.visit-jy.com/zh-tw/spots/10440

下松

## 稻穗祭

**地點** 下松市花岡／花岡福德稻荷社
**時間** 十一月初

白色狐狸在日本象徵著財神，生意人會設立稻荷神社，拜白色狐狸為財神，祈求生意興隆。十一月正是慶祝秋收的日子，人們著古裝紀念狐狸的結婚典禮遊行，象徵了歡慶的豐年祭。這是比較少見的祭典。

**詳情請連結**
www.visit-jy.com/zh-tw/spots/11141

岩國

## 錦帶橋花火大會

**地點** 錦帶橋
**時間** 八月第一星期六

岩國的錦帶橋是世界少見的木造五連橋，在這裡施放的煙火變得更加迷人。可以搭上遊船，在船上看煙火會更美麗。現在河面上還看得見傳統的鸕鶿捕魚法，也是傳統捕章魚法。建議提早預約遊船看煙火現吃香魚，欣賞四季不同風景。為免擁擠，請先詢問山口縣觀光局。

**詳情請連結**
www.visit-jy.com/zh-tw/spots/11332

山口

## 七夕提灯祭

**地點** 山口市中心商店街
**時間** 八月六、七日

傳承五百年前大內氏的盤燈籠的祭典。當天十萬個紅燈籠裝飾著商店街和車站，絢爛無比。特別的是燈籠裡是真正的蠟燭。這個祭典一方面也是為了慶祝中元節，與京都的大文字燒節日一樣，祭拜祖先，使祖先回程時不會迷路。這時候路邊特別設有夜市可以享用美食。

**詳情請連結**
www.visit-jy.com/zh-tw/spots/12272

山口

## 湯田温泉白狐祭

**地點** 山口市湯田温泉
**時間** 四月初

為了紀念白狐狸發現溫泉而舉行的夜間遊行，綿長的遊行隊伍穿著白色的狐狸裝，舉著火把，氣氛沸騰。節慶期間有的地方可以泡腳，或可泡溫泉，有免費或特別折扣的優惠。

**詳情請連結**
www.visit-jy.com/zh-tw/spots/12266

周南

## 貴船祭

**地點** 周南市粭島
**時間** 七月末

很有名的一百五十年前的渡海神輿的慶典，也就是漁夫為了安全和豐收所舉辦的祭典。喜歡攝影的人都會來這裡拍照。

下關

## 赤崎神社樂踊

**地點** 山口縣下關市豐田町浮石
**時間** 九月中旬

日本傳統保護牛馬的豐年祭。一五九六年，北長門有很多流行病，大量的牛馬病死，造成農民生活更加辛苦，因祭典後牛馬都很好，為了報恩，跳舞奉獻給神社。有很多種舞蹈，舞台也比較特別，在階梯式的田園舞台上演出。

美祢

## 秋吉台山燒

**地點** 美祢市秋吉台
**時間** 二月第三個星期天

這是秋吉台六百年以上歷史的特有祭典，也是日本最大規模的野外焚燒，舉目火光烈焰非常壯觀。秋吉台國家公園為了維持草原風貌，每年迎接春天的到來之前的二月的第二個星期日會舉行燒山活動，產生的灰燼可以為土質帶來充分的養分，讓草原景觀更加綠意盎然。

**詳情請連結**
www.visit-jy.com/zh-tw/spots/14505

萩

## 時代祭

**地點** 山口県萩市江向593（中央公園）
**時間** 十一月中旬

重現江戶時代的城下町古城市的當時情景，有點像京都的時代祭。如同重現歷史繪畫中兩百年前的古城街道，萩城下町已列為世界遺產，非常特別。

**詳情請連結**
www.visit-jy.com/zh-tw/spots/14309

萩

## 和船大競漕

**地點** 萩和船大競漕
**時間** 六月初

由於山口縣是海邊，有很多漁夫，所以與海有關的祭典比較多。很像台灣端午節的龍船比賽。參加祭典的男士穿著很傳統的漁夫服裝，強壯又帥氣，非常迷人。

柳井

## 柳井金魚燈籠祭

**地點** 柳井市內
**時間** 八月中旬

仿效青森縣睡魔燈籠祭的祭典。這一天街道上有幾千個金魚燈籠遊行，光芒閃耀，萬頭鑽動非常熱鬧。

**詳情請連結**
www.visit-jy.com/zh-tw/spots/15055

## 防府

# 天滿宮御神幸祭（裸坊祭）

**地點** 防府市松崎町 14-1
**時間** 十一月第四個星期六

為了紀念菅原道真公，在祭拜他的神社裡，每一年由五千個男生一起拉神轎，聲勢浩大熱鬧。除了這個神社以外，京都北野天滿宮、福岡的太宰天滿宮，都是考試的人會前往祭拜的地方。

**詳情請連結**
www.visit-jy.com/zh-tw/spots/14765

---

**日本祭典資料來源：**
一般社団法人 山口県観光連盟（一般社團法人 山口縣旅遊聯盟）
住所／山口県山口市滝町 1-1　電話／083-924-0462
http://www.visit-jy.com/zh-tw/（繁体字）、http://www.oidemase.or.jp/（日本語）

## 取材協力（順不同，敬称略）

（一社）山口県観光連盟
安渓遊地
安渓貴子
上山忠男
呉明輝
陳立栢（陳澄波文化基金會）
毛利元敦
小澤克介
児玉識
酒井充子
三井治
三巻弘
山本栄一郎
水野直房（赤間神宮）
沼聖剛（吉祥）
石井弦楽器工房
清水満幸（萩博物館）
牧野田亨
福屋利信
賀田金三郎研究所
鈴木宏明（防府天満宮）
一木孝史（防府天満宮）
松村孝明（萩本陣）
岡本文孝（川棚グランドホテルお多福）
大谷義郎（大谷山荘 別邸音信）
中野愛子（山水園）
サンシャインサザンセト
岩崎喜一郎（岩崎酒造）
安富屋（秋吉台）
香月泰男美術館
山口県立萩美術館・浦上記念館
金子信彦（城山窯）
みどりや（萩）
藤田洪太郎（萩ガラス工房）
濱中月村（大屋窯）
角田慈成（雲林寺）
永山本家酒造場
春帆楼
町田一仁（下関市立歴史博物館）
上野健一郎（ふくの関）
道の駅　北浦街道ほうほく
瓦そばたかせ
シロヘビの舘
旭酒造
いろり山賊
やない西蔵
日立製作所笠戸事業所
下松市栽培漁場センター
国民宿舎「大城」
はつもみぢ
山縣本店
漢陽寺
中島屋酒造場
金子みすゞ記念館
萩しーまーと
萩八景遊覧船
新高館
ときわ公園
中原中也記念館
三戸温通（いちご白書をもう一度）
ムラタ酒店（山口市）
エトワール（防府）
富美（門司港）
舘（門司港））
PERO（湯田温泉）
YCAM（山口情報芸術センター）
山口農業試験場
長府庭園
カルスター（Mine秋吉台ジオパークセンター）
児玉神社
錦帯橋
岩国城
角島大橋
関門大橋・関門トンネル
唐戸市場
東後畑棚田
大寧寺
秋吉台
秋芳洞
川棚の杜
リフレッシュパーク豊浦
日本台湾交流協会台北事務所

---

この本は、（一社）山口県観光聯盟の全面協力のもと山口県内を取材させていただきました。有難うございました。

---

## 参考資料


《山口「地理・地名・地図」の謎》山本栄一郎/実業之日本社

《上山満之進の思想と行動》児玉識

《記憶による回想》小澤太郎

《蓬萊米談話》磯永吉/山口農業試験場雨読会

《台灣西方文明初體驗》陳柔縉/麥田

《林百貨：臺南銀座摩登五棧樓》陳秀琍　主撰, 姚嵐齡　協撰/前衛

《遠い空　国分直一、人と学問》安渓遊地、平川敬治　編

《台湾の表層と深層》福屋利信/かざひの文庫

《聞き書　山口の食事》日本の食生活全集㉟/農文協

《山頭火の世界》李芒/春陽堂

《故宮物語》野嶋剛/勉誠出版

《安閑園の食卓》辛永清/集英社文庫

《忘却の引揚げ史》下川正晴/弦書房

《土井ヶ浜遺跡の発見・発掘史》河野俊乎/陶片居古美術研究所

《狂飆的年代: 近代台灣社會菁英群像》林柏維/秀威資訊

《臺灣省日僑遣送紀實》日僑管理委員會

《夢はるかなる》古川薫/PHP文庫

《名水紀行》佐々木健/春陽堂書店

《るいネット　http://www.rui.jp/ruinet.html?i=200&c=400&m=313591》

《『おクジラさま　ふたつの正義の物語』佐々木芽生監督に聞く http://www.nippon.com/ja/currents/d00351/?pnum=1》

《https://web.archive.org/web/20161109221400/http://archives.ith.sinica.edu.tw/collections_con.php?no=105》中央研究院台湾史研究所



休閒生活區 Leisure & Living 001／山口，西京都的古城之美：走入日本與台灣交錯的時空之旅

作者／栖來光　插畫／栖來光　譯者／高彩雯　責任編輯／梁淑玲　封面設計／霧室　內頁設計／葛雲

特別感謝／日本山口縣觀光部的協助與贈品贊助　企劃／莊晏青　出版總監／黃文慧

社長／郭重興　發行人兼出版總監／曾大福　出版者／幸福文化出版社　發行／遠足文化事業股份有限公司

地址／231新北市新店區民權路108-2號9樓　電話／(02)2218-1417　傳真／(02)2218-8057

郵撥帳號／19504465　戶名／遠足文化事業股份有限公司　印刷／通南彩色印刷有限公司　電話(02)2221-3532

法律顧問／華洋國際專利商標事務所 蘇文生律師

初版一刷／2018年1月　定價／420元




國家圖書館出版品預行編目 (CIP) 資料

山口，西京都的古城之美：走入日本與台灣交錯的時空之旅／栖來光著 · 高彩雯譯. -- 初版. -- 新北市：幸福文化出版：遠足文化發行，2018.01　面；公分. -- ( 休閒生活區；1)

ISBN 978-986-95785-1-6 ( 平裝 )

1. 旅遊 2. 日本　731.9　106023069